Mensagens que Emanam Leite e Mel

Catalogação na Fonte
Elaborado por: Josefina A. S. Guedes
Bibliotecária CRB 9/870

S586m   Silva Júnior, Olívio da
           Mensagens que emanam leite e mel / Olívio da Silva Júnior.
2020   - 1. ed. – Curitiba: Appris, 2020.
           263 p. ; 23 cm – (Artêra)

         ISBN 978-85-473-2989-1

         1. Literatura religiosa. I. Título. II. Série.

CDD – 242

Editora e Livraria Appris Ltda.
Av. Manoel Ribas, 2265 – Mercês
Curitiba/PR – CEP: 80810-002
Tel: (41) 3156 - 4731
www.editoraappris.com.br

Appris editora

Printed in Brazil
Impresso no Brasil

Pr. Olívio da Silva Júnior

Mensagens que emanam leite e mel

Editora Appris Ltda.
1.ª Edição - Copyright© 2020 dos autores
Direitos de Edição Reservados à Editora Appris Ltda.

Nenhuma parte desta obra poderá ser utilizada indevidamente, sem estar de acordo com a Lei nº 9.610/98. Se incorreções forem encontradas, serão de exclusiva responsabilidade de seus organizadores. Foi realizado o Depósito Legal na Fundação Biblioteca Nacional, de acordo com as Leis nos 10.994, de 14/12/2004, e 12.192, de 14/01/2010.

FICHA TÉCNICA

EDITORIAL	Augusto V. de A. Coelho
	Marli Caetano
	Sara C. de Andrade Coelho
COMITÊ EDITORIAL	Andréa Barbosa Gouveia (UFPR)
	Jacques de Lima Ferreira (UP)
	Marilda Aparecida Behrens (PUCPR)
	Ana El Achkar (UNIVERSO/RJ)
	Conrado Moreira Mendes (PUC-MG)
	Eliete Correia dos Santos (UEPB)
	Fabiano Santos (UERJ/IESP)
	Francinete Fernandes de Sousa (UEPB)
	Francisco Carlos Duarte (PUCPR)
	Francisco de Assis (Fiam-Faam, SP, Brasil)
	Juliana Reichert Assunção Tonelli (UEL)
	Maria Aparecida Barbosa (USP)
	Maria Helena Zamora (PUC-Rio)
	Maria Margarida de Andrade (Umack)
	Roque Ismael da Costa Güllich (UFFS)
	Toni Reis (UFPR)
	Valdomiro de Oliveira (UFPR)
	Valério Brusamolin (IFPR)
REVISÃO	Renata Cristina Lopes Miccelli
PRODUÇÃO EDITORIAL	Lucas Andrade
DIAGRAMAÇÃO	Giuliano Ferraz
CAPA	Eneo Lage
COMUNICAÇÃO	Carlos Eduardo Pereira
	Débora Nazário
	Kananda Ferreira
	Karla Pipolo Olegário
LIVRARIAS E EVENTOS	Estevão Misael
GERÊNCIA DE FINANÇAS	Selma Maria Fernandes do Valle
COORDENADORA COMERCIAL	Silvana Vicente

*Mas eu não dou valor à minha própria vida. O importante
é que eu complete a minha missão e termine o trabalho
que o Senhor Jesus me deu para fazer.
E a missão é esta: anunciar a boa notícia da graça de Deus.*

Atos 20:24

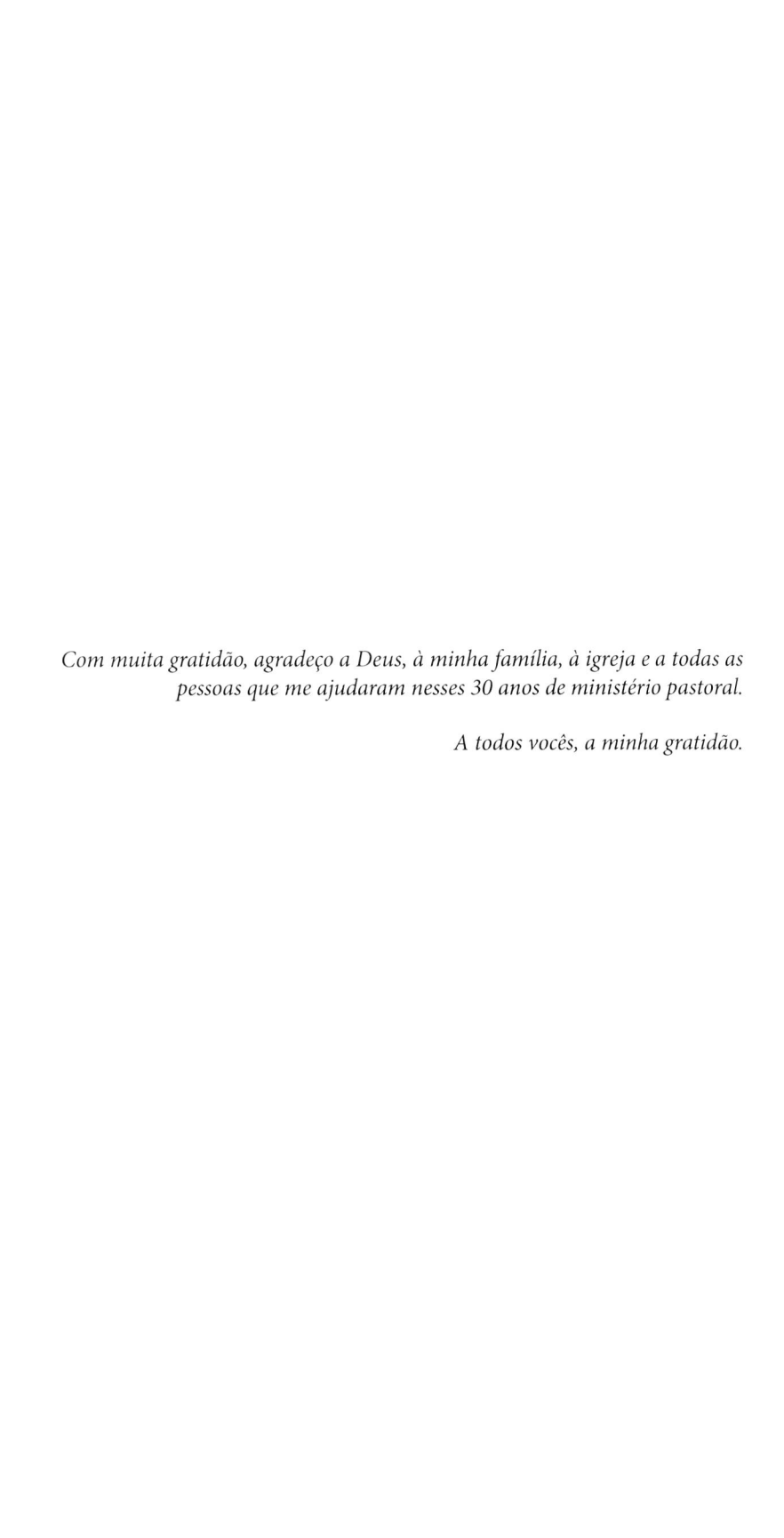

Com muita gratidão, agradeço a Deus, à minha família, à igreja e a todas as pessoas que me ajudaram nesses 30 anos de ministério pastoral.

A todos vocês, a minha gratidão.

Prefácio

Creio que os tópicos deste livro servirão de inspiração para todos os que vierem a manuseá-lo, pois a intenção é ajudar os obreiros da seara do nosso Mestre.

Eles foram escritos com propósito de contribuir com a menor de todas as parcelas, oferecendo a todos um recurso a mais, com variadas mensagens que ajudaram e ajudarão na edificação de vidas em prol do Reino de Cristo sobre os corações dos homens, que certamente receberão gozo, paz e edificação espiritual.

Deus abençoe-os grandemente, esse é o meu desejo.

Pr. Olívio da Silva Júnior.

Introdução

Nesses 30 anos de ministério pastoral, senti o desejo de deixar aos colegas de ministério as mensagens que recebi do meu Senhor e Mestre, as quais, primeiramente, edificaram-me, ensinaram-me, exortaram-me e me consolaram durante esse tempo, sendo ministradas às diversas igrejas e, pela misericórdia do Senhor, absorvidas pelos corações, edificando vidas. Deixo-as em suas mãos para que o Espírito Santo de Deus use-as poderosamente para edificação e salvação.

Sumário

A boca de Deus fala 17
A caminho do ano novo 21
A caminho de um novo ano 23
A chamada 27
A entrada de Jesus 31
A família no esconderijo do Altíssimo 34
A graça que não desiste 37
A grande comissão 39
A história de um homem 43
Atitudes de um homem de Deus 46
Buscar ao Senhor 51
Celebrando a unidade 52
Clamor sem barreiras 54
Coisas difíceis na vida de um profeta 58
Como derrotar o gigante? 61
Como retribuirei ao Senhor 65
Comunhão com Deus 68
Conhecendo a vontade de Deus 75
Conte com Deus 78
Coração íntegro e alma voluntária 80
De publicano a apóstolo 84
Debaixo das asas de Deus 85
Débora, uma heroína em Israel 88
Deixe Deus fazer 91
Deus deseja dar-nos muito além do que imaginamos 94
Deus está neste lugar? 97
Deus está presente 102
Um Deus incomparável 106
Deus limpando a Igreja – carta à igreja de Tiatira 109
É impossível ao homem 112

Enchei-vos do Espírito Santo 114

Ele precisa de você 118

Entesourar para os filhos 119

Entrando no Reino mesmo aleijado 120

Falta de conhecimento 123

Família, chama que não se apaga 127

Geração perseverante 128

Grandes artes da vida espiritual 132

Há outro sentimento 135

Há vitória 140

Há um propósito para a história humana 142

Um sentimento de inferioridade 145

Honra e prosperidade 148

Igreja com um propósito 151

Ingredientes indispensáveis para a realização da obra de Deus 156

Intercedendo a favor do Reino de Deus 160

Jó e sua família 162

Lembrai-vos da mulher de Ló 166

Mantendo a unidade nas adversidades 170

Não aborte a benção de Deus 172

No caminho para a sepultura de Cristo 176

No esconderijo de Deus 177

No que consiste ser uma igreja forte 180

O céu 184

O elemento necessário para a vitória 187

O valente está amarrado 189

O verdadeiro retrato de Cristo 193

Preparando-se para as provas finais 197

Qual porta você está? 200

Qual será a sua recompensa? 203

Recebendo unção por meio da comunhão 205

Reciclando a minha dor 209

Reconciliai-vos com Deus...212

Setenta vezes sete 213

Simão 216

Sinais de um líder chamado Paulo 218

Timóteo: um jovem cristão 224
Um cântico de vitória 226
Um compromisso relaxado com Deus 230
Uma árvore frutífera 234
Uma coisa nova 238
Uma comunidade de servos e servas 242
Uma decisão a tomar 243
Vês alguma coisa? 246
Visão e coragem 250
Viva com amor! 255
Zerando tudo na PATERNIDADE 258

A boca de Deus fala

Isaías 58:1-12

Desde o Jardim do Éden, Deus tem falado com o ser humano e, durante os séculos, levantado os seus servos.

Em Isaías 58, o Senhor fala com o seu povo.

O QUE ELE ESTÁ FALANDO?

1. DIGA AO MEU POVO (v. 1).

"CLAMA em alta voz, não te detenhas, levanta a tua voz como a trombeta e anuncia ao meu povo a sua transgressão, e à casa de Jacó os seus pecados.".

- falar a pleno pulmões, bem alto como a trombeta;
- denunciar o pecado;
- isso seria feito com o povo.

2. UMA RELEGIÃO DE APARÊNCIA (v. 2)

"Todavia me procuram cada dia, tomam prazer em saber os meus caminhos, como um povo que pratica justiça, e não deixa o direito do seu Deus; perguntam-me pelos direitos da justiça, e têm prazer em se chegarem a Deus,".

- procuram a Deus;
- querem conhecer os Seus caminhos;
- estão interessados na justiça;
- mas, na verdade, tudo isso é só fingimento (Mt 23).

3. ELES AINDA SE ACHAVAM NO DIREITO DE RECLAMAR (v. 3)

"Dizendo: Por que jejuamos nós, e tu não atentas para isso? Por que afligimos as nossas almas, e tu não o sabes? Eis que no dia em que jejuais achais o vosso próprio contentamento, e requereis todo o vosso trabalho.".

- porque nós jejuamos e o Senhor não se atenta para isso, não dá a mínima? Pois fazemos para aparecer, com interesses pessoais;

- afligimos as nossas almas, fazemos penitencias, e o Senhor não dá importância.

4. ISSO DEUS NÃO QUER (v. 4, 5)

"4 Eis que para contendas e debates jejuais, e para ferirdes com punho iníquo; não jejueis como hoje, para fazer ouvir a vossa voz no alto.

5 Seria este o jejum que eu escolheria, que o homem um dia aflija a sua alma, que incline a sua cabeça como o junco, e estenda debaixo de si saco e cinza? Chamarias tu a isto jejum e dia aprazível ao SENHOR?".

Havia entre os judeus:

- contendas, brigas, violências e rixas (v. 4);
- penitências, falso arrependimento e desconfiança.

Deus detesta, repudia, despreza a **falsa piedade** e **as aparências**.

5. DEUS DESEJAVA (v. 6, 7, 10, 13)

"6 Porventura não é *este o jejum que escolhi*,
que *soltes as ligaduras da impiedade*,
que *desfaças as ataduras do jugo* e
que *deixes livres os oprimidos*, e
despedaces todo o jugo?

7 Porventura não é também

que *repartas o teu pão com o faminto*, e
recolhas em casa os pobres abandonados; e,
quando vires o nu, o cubras, e não te escondas da tua carne?

10 E se abrires **a tua alma ao faminto**, e
fartares a alma aflita; *então a tua luz nascerá nas trevas*, e a
tua escuridão será como o meio-dia.

13 Se desviares o teu pé do sábado, de fazeres a tua vontade no meu santo dia, e chamares ao sábado deleitoso, e o santo dia do SENHOR, digno de honra, e o honrares não seguindo os teus caminhos, nem pretendendo fazer a tua própria vontade, nem falares as tuas próprias palavras,".

    a. não explore seus empregados; solte as ligaduras da impiedade;

    b. não maltrate seus serviçais; desfaça as ataduras da servidão;

    c. perdoe as dívidas dos que não podem pagar; deixe livres os oprimidos;

    d. não obrigue outros a trabalharem como escravos; desprenda todo jugo;

    e. reparta o seu pão com o faminto;

    f. cubra o nu;

"34 Então dirá o Rei aos que estiverem à sua direita: Vinde, benditos de meu Pai, possuí por herança o reino que vos está preparado desde a fundação do mundo;

35 Porque tive fome, e destes-me de comer; tive sede, e destes-me de beber; era estrangeiro, e hospedastes-me;

36 Estava nu, e vestistes-me; adoeci, e visitastes-me; estive na prisão, e fostes ver-me." (Mt 25:34-46).

    g. não fuja de quem precisa de ajuda;

    h. ajude e console os desesperados;

    i. leve a sério o dia do Senhor.

6. NO QUE ISSO VAI RESULTAR?

Irmãos, os versículos 8 a 14 relacionam coisas importantes que resultam da atitude de agradarmos a Deus:

"Então **romperá a tua luz como a alva**, e a
tua cura apressadamente brotará, e *a*
tua justiça irá adiante de ti, e *a*
glória do SENHOR será a tua retaguarda." (Is 58:8).

LUZ, CURA E PROTEÇÃO

Será que necessitamos dessas coisas? O versículo 9 de Isaías capítulo 58 diz: "**Então clamarás**, e o SENHOR te **responderá**; gritarás, e ele dirá: **Eis-me aqui. Se tirares do meio de ti o jugo, o estender do dedo, e o falar iniquamente;**".

ORAÇÕES RESPONDIDAS

O versículo 11 do capítulo 58 do livro de Isaías traz: "E o SENHOR te guiará continuamente, e fartará a tua alma em lugares áridos, e fortificará os teus ossos; e serás como um jardim regado, e como um manancial, cujas águas nunca faltam.".

DIREÇÃO DIVINA, VIGOR, BELEZA E VIDA ABUNDANTE

No versículo 12 (Is 58): "E os que de ti procederem edificarão as antigas ruínas; e levantarás os fundamentos de geração em geração; e chamar-te-ão reparador das roturas, e restaurador de veredas para morar. ".

FILHOS ABENÇOADOS

O versículo 14 (Is 58) nos diz: "Então te deleitarás no SENHOR, e te farei cavalgar sobre as alturas da terra, e te sustentarei com a herança de teu pai Jacó; porque a boca do SENHOR o disse.".

VITÓRIA E PROSPERIDADE

Irmãos, a certeza de que isso acontecerá está no final do versículo 14: "[...] A BOCA DO SENHOR O DISSE ".

Há uma promessa em todo esse texto, e o versículo 12 é para as gerações futuras: "**Os teus filhos edificarão as antigas ruínas, levantaras os fundamentos de muitas gerações e serás chamado REPARADOR DE BRECHAS e RESTAURADOR DE VEREDAS para que o país (município) se torne habitável.**".

O capítulo 58 do livro de Isaías mostra-nos um Deus que deseja tratar com o seu povo. E, lendo-o, surge-me a seguinte pergunta: irmãos, será que estamos DISPOSTOS a OUVIR e a OBEDECER o que Ele tem nos falado?

Muitas dessas bênçãos e muitas outras virão sobre nós se assim Lhe obedecermos.

A caminho do ano-novo

Hebreus 13:14

14 Porque não temos aqui cidade permanente, mas buscamos a futura.

Como queremos começar o ano que se aproxima? Eis alguns propósitos que podemos adotar:

1. ESTABELECER ALVOS

a. Alvo é um objetivo, uma meta na vida. Normalmente, planejamos alvos a serem alcançados por nós.

- O atirador tem um alvo. O atleta tem um alvo. O escalador tem um alvo. A vida é feita de alvos.

b. Alvos na vida de um homem de Deus.

O apóstolo Paulo era um servo do Senhor e possuía alvos (I Co 9:26; Fp 3:14). Mas quais são os alvos na vida de um cristão?

2. TER ESPÍRITO DE DISCIPLINA

a. O mundo é feito de disciplina.

- o militar;
- o esportista;
- o artista (dançarinos, cantores, músicos).

b. A disciplina na vida de homens de Deus:

- Daniel e sua dieta na Babilônia;
- Paulo, o apóstolo (I Co 9:25, 27).

c. A vida cristã é feita de hábitos que necessitam de disciplina:

- leitura da Palavra de Deus;
- prática da oração;
- prática do jejum;
- busca pela santificação.

Disciplina é compromisso, e levar as coisas a sério é não brincar em serviço.

Ela é o caminho para o crescimento e para a maturidade espiritual.

3. PERSEVERAR

a. Depois de definirmos o que queremos e, a partir disso, termos alvos na vida, precisamos de determinação e perseverança.

b. Ninguém tem tantos motivos para ser perseverante como tem o cristão:

Mateus 24:13: "Mas aquele que perseverar até ao fim será salvo.".

Romanos 12:12: "Alegrai-vos na esperança, sede pacientes na tribulação, perseverai na oração.".

Atos 2:42: "E perseveravam na doutrina dos apóstolos, e na comunhão, e no partir do pão, e nas orações.".

Apocalipse 2:10: "Nada temas das coisas que hás de padecer. Eis que o diabo lançará alguns de vós na prisão, para que sejais tentados; e tereis uma tribulação de dez dias. Sê fiel até à morte, e dar-te-ei a coroa da vida. ".

Os que corriam bem de ti longe agora vão.

A vida cristã não é daqueles que começam, mas daqueles que terminam. Veja o exemplo de Paulo:

II Timóteo 4:7: "Combati o bom combate, acabei a carreira, guardei a fé.".

II Timóteo 4:8: "Desde agora, a coroa da justiça me está guardada, a qual o Senhor, justo juiz, me dará naquele dia; e não somente a mim, mas também a todos os que amarem a sua vinda.".

Na busca de nossos ideais, de nossos alvos, precisamos ser perseverantes. Nada de desânimo e pessimismo. É preciso ir em frente, às vezes com sangue, suor e lágrimas. Ao final, veremos que valeu a pena perseverar.

Isaías 41:10: "Não temas, porque eu sou contigo; não te assombres, porque eu sou teu Deus; eu te fortaleço, e te ajudo, e te sustento com a destra da minha justiça.".

A caminho de um novo ano

Pois não temos aqui cidade permanente, mas buscamos a vindoura.
(Hebreus 13:14).

Como queremos começar o ano que se aproxima?

Zacarias 14:6-7 nos diz: "Naquele dia não haverá luz, nem frio nem geada. Será um dia singular conhecido do Senhor, não será nem dia nem noite. Quando a tarde chegar, haverá luz.".

Irmãos, estamos nos preparando para encontrar com um novo ano. Não sabemos o que nos espera, nem o que vamos passar. Temos um ano inteiro pela frente, um livro com páginas em branco prontas para que escrevamos. **E O QUE REDIGIREMOS A CAMINHO DO NOVO ANO?**

1. OS ÚLTIMOS DIAS DO ANO INSPIRAM REFLEXÃO

Refletir sobre o passado e fazer previsões do futuro: o alvo foi alcançado? O que o retrospecto nos ensina? Há novas metas e objetivos?
O futuro ainda é nosso. Nele, há uma sombra de luz, pois onde existir sombra, sempre haverá luz e ninguém temerá a sombra.
A sombra do cão não morde, a da espada não mata. Nas trevas, raiará a luz.

2. CADA ANO É SÍMBOLO DA VIDA. COMEÇA, PROGRIDE E FINDA

O tempo traz dons que bem rejeitaríamos: idade, tristeza, desapontamentos. Aarrebata-nos tesouros que gostaríamos de conservar: inocência, mocidade e beleza. Há coisas que ele não pode prover e os anos não conseguem remover: paciência, amizade, fé e amor.
Todo o curso da PROVIDÊNCIA DE DEUS é assim: nem sempre os dias da sua graça são límpidos. Não é nem dia, nem noite. Há sempre uma mistura de coisas na vida de cada um de nós, da igreja e da sociedade.

3. O EVANGELHO ENCHE OS ÚLTIMOS DIAS DO ANO E DA VIDA COM A LUZ DA ESPERANÇA

Cremos e esperamos firmados:

   a. nas promessas cumpridas;
   b. nas tarefas desempenhadas agradavelmente;
   c. na direção recebida, amparados quando nuvens traiçoeiras nos ameaçarem;
   d. no futuro brilhante, rico de bençãos.

4. OS ÚLTIMOS DIAS DO ANO DEVEM DISTINGUIR-SE PELA *ALEGRIA, FÉ E GRATIDÃO*

Quando sombras escuras envolvem a terra, eis que o sol aparece, sobre as colinas, rico de majestade e glória, iluminando os vales.

A palavra de Deus é essencialmente otimista, fala da manhã radiosa que sucede a noite. Trevas, crepúsculo e, depois, a luz do dia.

Finda-se mais um ano, e outro surge.

A CAMINHO DO ANO NOVO? Como o receberemos?

Como queremos começar o ano que se aproxima?
Eis alguns propósitos que podemos tomar:

1) ESTABELECER ALVOS:

   a. Alvo é um objetivo, uma meta. Em nossa vida, normalmente temos alvos.
   b. Alvos na vida de um homem de Deus:

O apóstolo Paulo, servo do Senhor, tinha alvos a serem alcançados.

I Co 9:26: "**Portanto corro, não como indeciso, combato, não como batendo no ar. Antes subjugo o meu corpo, e o REDUZO à servidão, para que, pregando aos outros, eu mesmo não venha de alguma maneira a ficar reprovado.**" (desqualificado);

Fp 3:14: "**prossigo para o alvo, pelo PRÊMIO da soberana vocação de Deus em Cristo Jesus**".

2) TER ESPÍRITO DE DISCIPLINA:

   a. O mundo é feito de disciplina.

   - o militar;

   - o esportista ;

- o artista.

  b. A disciplina está presente na vida dos homens de Deus.

- Daniel e sua dieta na Babilônia.

- Paulo, o apóstolo: I Co 9:25-27

3) PERSEVERAR:

1. Depois de definirmos o que queremos, depois de termos alvos em nossas vidas, precisaremos de DETERMINAÇÃO e PERSEVERANÇA.

2. Ninguém tem tantos motivos para ser PERSEVERANTE como o cristão. Querem ver?

  a. Mt 24:13: "Mas aquele que perseverar até o fim será salvo";

  b. Rm 12:12: "Alegrai-vos na esperança, sede pacientes na tribulação, perseverai na oração".

Queridos irmãos, QUANTOS QUE CORRIAM BEM PERTO DO SENHOR LONGE AGORA VÃO. A vida cristã não é daqueles que começam, mas daqueles que terminam.

Veja o exemplo de Paulo em **2 Tm 4:7-8**: "**Combati o bom combate, acabei a carreira, guardei a fé. Desde agora, a coroa da justiça me está preparada, a qual o Senhor, justo juiz, me dará naquele dia, e não somente a mim, mas também a todos os que amarem a sua vinda**".

Na busca por nosso ideais, nossos alvos, precisamos ser perseverantes. Nada de desânimo e pessimismo, é preciso ir em frente, às vezes com SANGUE, SUOR e LÁGRIMAS.

Vale a pena perseverar.

ESTAMOS A CAMINHO DO PROXIMO ANO.

E você, está se preparando?

A Chamada

Jo 1: 36-42

"36 E, vendo passar a Jesus, disse: Eis aqui o Cordeiro de Deus.

37 E os dois discípulos ouviram-no dizer isto, e seguiram a Jesus.

38 E Jesus, voltando-se e vendo que eles o seguiam, disse-lhes: Que buscais? E eles disseram: Rabi (que, traduzido, quer dizer Mestre), onde moras?

39 Ele lhes disse: Vinde, e vede. Foram, e viram onde morava, e ficaram com ele aquele dia; e era já quase a hora décima.

40 Era André, irmão de Simão Pedro, um dos dois que ouviram aquilo de João, e o haviam seguido.

41 Este achou primeiro a seu irmão Simão, e disse-lhe: Achamos o Messias (que, traduzido, é o Cristo).

42 E levou-o a Jesus. E, olhando Jesus para ele, disse: Tu és Simão, filho de Jonas; tu serás chamado Cefas (que quer dizer Pedro).".

Todos nós provavelmente já marcamos um encontro com alguém e pudemos saborear o doce prazer de esperar a pessoa quando ela demora para chegar.

Deparamo-nos, aqui, com um encontro entre um homem e o Senhor.

João, anteriormente, tinha apresentado Jesus a certos homens em público. Agora, ele o aponta a dois de seus discípulos para que estes sigam Cristo.

Entre muitos seguidores, João tinha reunido um grupo especial de discípulos ÍNTIMOS que praticavam o jejum (Mt 9:14; Mc 2:18) e tinham recebido, por meio dele, instruções de como orar.

ANDRÉ, discípulo de João:

1. creu na palavra de Deus;

"[...] Eis aqui o Cordeiro de Deus." (Jo 1:36).

2. seguiu imediatamente o Senhor;

"E os dois discípulos ouviram-no dizer isto, e seguiram a Jesus." (Jo 1:37).

3. procurou a comunhão com o Senhor;

"E Jesus, voltando-se e vendo que eles o seguiam, disse-lhes: Que buscais? E eles disseram: Rabi (que, traduzido, quer dizer Mestre), onde assistes (moras)?" (Jo 1:38).

4. foi e permaneceu com o Senhor;

"Ele lhes disse: Vinde, e vede. Foram, e viram onde morava, e ficaram com ele aquele dia; e era já quase a hora décima." (Jo 1:39).

5. testemunhou Cristo, o Messias;

"Este achou primeiro a seu irmão Simão, e disse-lhe: Achamos o Messias (que, traduzido, é o Cristo)." (Jo 1:41).

6. conduziu seu irmão ao Senhor;

"E levou-o a Jesus. E, olhando Jesus para ele, disse: Tu és Simão, filho de Jonas; tu serás chamado Cefas (que quer dizer Pedro)." (Jo 1:42).

André e o outro discípulo ficaram quase o dia todo com Jesus, e esse foi um momento de muito prazer e alegria.

Alegria esta que André nunca havia sentido, nem provado:

- alegria da paz;
- alegria da esperança que não morre;
- alegria do coração aliviado, da angústia, da tristeza.

A alegria de André foi tão INTENSA e GRANDE que ele:

a. deu a maior importância a pessoa de Jesus;

b. apelou aos seus amigos;

"Este achou primeiro a seu irmão Simão, e disse-lhe: Achamos o Messias (que, traduzido, é o Cristo)." (Jo 1:41).

c. convidou outros após sentir a emoção da descoberta pessoal;

"Filipe achou Natanael, e disse-lhe: Havemos achado aquele de quem Moisés escreveu na lei, e os profetas: Jesus de Nazaré, filho de José." (Jo 1:45).

d. não debateu apenas com argumentos, mas com desafio à investigação;

"Disse-lhe Natanael: Pode vir alguma coisa boa de Nazaré? Disse-lhe Filipe: Vem, e vê." (Jo 1:46).

Podemos ver que achar o Senhor significa encontrar a SALVAÇÃO por meio do Espírito Santo.

O salvo é imediatamente UNIDO para sempre a Cristo.

No final do seu ministério, vemos Jesus aparecendo a sete de seus discípulos.

Em Jo 21:1-2,

"1 DEPOIS disto, manifestou-se Jesus outra vez aos discípulos junto do mar de Tiberíades; e manifestou-se assim:

2 Estavam juntos Simão Pedro, e Tomé, chamado Dídimo, e Natanael, que era de Caná da Galiléia, os filhos de Zebedeu, e outros dois dos seus discípulos.".

Esses dois versículos falam de sete discípulos que, por SUGESTÃO do apóstolo Pedro, queriam pescar.

Eles oferecem uma imagem sugestiva da variedade de pessoas na Igreja do Senhor e de seus traços característicos.

1. Pedro: "Vou pescar." (Jo 21:3)

Pedro era a imagem da atividade zelosa e estava à frente de tudo. Ele tomava a palavra, e o seu talento de liderar aparece em Atos.

2. Tomé: era o duvidoso.

Mas ele confessou o Senhor (ver: Jo 20:28).

3. Natanael: "Jesus viu Natanael vir ter com ele, e disse dele: Eis aqui um verdadeiro israelita, em quem não há dolo." (Jo 1:47).

Natanael era a imagem da santidade de Deus.

" [...] a santidade convém à tua casa, SENHOR, para sempre." (Sl 93:5b).

A santidade é o ENFEITE DA IGREJA, da casa de Deus. Quando ela falta, o pecado é tolerado e, então, há fraqueza nela e em quem o pratica.

4. Tiago: os filhos de Zebedeu se chamavam Tiago e João. Em Tiago, o primeiro dos apóstolos a sofrer o martírio, vemos a igreja SOFREDORA (ver: At 2:2).

5. João: ele foi o profeta a quem muito foi revelado e o último dos discípulos a morrer.

Onde as revelações são raras, falta a vida de Cristo na vida de seus seguidores.

6. Os dois ANÔNIMOS.

"Estavam juntos Simão Pedro, e Tomé, chamado Dídimo, e Natanael, que era de Caná da Galiléia, os filhos de Zebedeu, *e outros dois dos seus discípulos*." (Jo 21:2).

Quem são esses dois anônimos?
Você e eu.

Você, meu amigo, preenche o seu lugar na Igreja de Jesus?

Tomé, certa vez, perguntou ao Senhor:
"**Senhor, não sabemos para onde vais, como saber O caminho?**
Respondeu-lhe Jesus:
Eu sou o CAMINHO, e a VERDADE E A vida. Ninguém vem ao Pai senão por mim." (Jo 14:5-6).

Será que você é o André?

Você é o escolhido de Deus e foi separado por Ele.

E então, você vai querer continuar em anonimato?

Deus pode lhe dar: vida verdadeira, liberdade, um tesouro, o descanso, refúgio e uma herança nos céus.

A entrada de Jesus

Jo 12:12-19

A entrada de Jesus em Jerusalém é narrada nos quatro evangelhos, mas é somente João quem menciona a profecia de Zacarias 9: 9: "Alegra-te muito, ó filha de Sião; exulta, ó filha de Jerusalém; eis que o teu rei virá a ti, justo e salvo, pobre, e montado sobre um jumento, e sobre um jumentinho, filho de jumenta".

O profeta diz que o movimento do povo foi por ter ouvido sobre a ressurreição de Lázaro.

Vamos ver alguns eventos durante a entrada de Cristo em Jerusalém.

1. A PARADA

"No dia seguinte, ouvindo uma grande multidão, que viera à festa, que Jesus vinha a Jerusalém," (Jo 12:12).

As pessoas enfileiraram-se ao lado da entrada para receber Jesus.

Eram peregrinos, não residentes em Jerusalém, que vieram para a festa da Páscoa.

2. O LOUVOR

"tomaram ramos de palmeiras, e saíram-lhe ao encontro, e clamavam: Hosana! Bendito o Rei de Israel que vem em nome do Senhor!" (Jo 12:13).

Bendito o Rei de Israel.

Salve, eu lhe peço.

Só João menciona os ramos de palmeira. Às vezes não é uma oração, mas uma atribuição de louvor, e esse é o seu uso nessa passagem. Jesus está sendo saudado como o REI DE ISRAEL, o qual veio com autoridade do Senhor (JEOVÁ). Esse povo, cheio de expectativa messiânica, esperava que Ele estabelecesse o Reino de Davi com poder.

3. A PROFECIA

"14 E achou Jesus um jumentinho, e assentou-se sobre ele, como está escrito:

15 Não temas, ó filha de Sião; eis que o teu Rei vem assentado sobre o filho de uma jumenta.

16 Os seus discípulos, porém, não entenderam isto no princípio; mas, quando Jesus foi glorificado, então se lembraram de que isto estava escrito dele, e que isto lhe fizeram." (Jo 12:14-16).

Esse evento foi predito pelo profeta Zacarias no Antigo Testamento.

O jumento, mais que o cavalo, simbolizava o caráter manso e pacífico do rei de Israel. O fato em si declarava que Jesus interpretava o acontecimento de maneira diferente da multidão.

Foi só quando Jesus foi glorificado e o Espírito veio instruí-los e para relembrá-los das coisas de Cristo que os discípulos viram toda a cena à luz das escrituras e do plano de Deus.

4. A POPULARIDADE

"17 A multidão, pois, que estava com ele quando Lázaro foi chamado da sepultura, testificava que ele o ressuscitara dentre os mortos.

18 Por isso a multidão lhe saiu ao encontro, porque tinham ouvido que ele fizera este sinal." (Jo 12:17-18).

Novamente as pessoas seguem a Jesus por causa do milagre de Lázaro. Aqueles que estiveram com Cristo naquela ocasião afirmavam o acontecido. Outro grupo, no entanto, formado pelos peregrinos da festa que apenas o ouviram contar o milagre foi ao encontro saudando-o como herói nacional.

5. O PROTESTO

"Disseram, pois, os fariseus entre si: Vedes que nada aproveitais? Eis que toda a gente vai após ele." (Jo 12:19).

Os fariseus estavam furiosos por causa da popularidade de Jesus, e essa onda popular OBSCURECEU o campo deles. Em seu pessimismo, declararam que TODO O MUNDO O SEGUIA.

Irmãos:

a. É mais fácil dar a Jesus o título de rei, do que submeter o coração ao seu senhorio.

Há pessoas que só deram a Ele o título de rei, mas não o de Senhor de suas vidas.

- Em quais áreas da sua vida Jesus é Senhor?

Jesus é Senhor na sua casa, na sua vida, no seu temperamento, no seu ciúme, no seu compromisso, no seu ego?

Jesus é o Senhor da sua boca, dos seus ouvidos, das suas mãos, dos seus pés?

Em que área de sua vida Jesus é Senhor?

Você pode ver como é difícil submeter a nossa vontade ao senhorio de Cristo.

O Senhor não está reprovando uma homenagem a ele, mas está à procura de um coração que possa amá-lo, servi-lo com ações e atitudes. Alguém que possa colocar sua vida ao Seu dispor.

Talvez hoje Jesus faça a ENTRADA TRIUNFAL DELE EM SEU CORAÇÃO.

Talvez hoje você receba Jesus como Senhor de sua vida.

Como você irá saudá-lo?

A família no esconderijo do Altíssimo

Salmos 91

O que é um ESCODERIJO?

É um lugar destinado ou próprio para o refúgio. Um recanto.

Colosssenses 3:3 diz: "*em quem estão OCULTOS todos os tesouros da sabedoria e da ciência*".

Estamos escondidos em Cristo.

Quais são as bênçãos advindas de alguém ou de uma família que está no esconderijo do Altíssimo? Vamos olhar o que diz o Salmo 91.

1. DESCANSO

v. 1: "*Aquele que habita no escoderijo do Altíssimo, à sombra do onipotente DESCANSARÁ.*".

Mat 11:28-30: "Vinde a mim todos os que estais cansados e sobrecarregados, e eu os aliviarei. Tomai sobre vós o meu jugo, e aprendei de mim, porque sou manso e humilde de coração, e encontrarei descanso para as vossas almas. Pois meu jugo é suave e o meu fardo é leve".

2. REFÚGIO

v. 2: "*Direi do Senhor: Ele é o meu REFÚGIO e a minha FORTALEZA, o meu Deus, em quem confio.*".

Sl 46:1 nos diz: "Deus é o nosso refúgio e fortaleza, socorro bem presente na ANGÚSTIA".

E Is 25:4 nos diz: "Foste a fortaleza do pobre, e a fortaleza do necessitado na sua angustia, REFÚGIO contra a tempestade, e sombra contra o calor. Porque o sopro dos OPRESSORES é como a tempestade contra o muro, e como o calor em lugar seco. Tu abates o ímpeto dos estranhos, como se abranda o calor pela sombra da espessa nuvem, assim o Cântico dos tiranos é HUMILHADO".

3. LIVRAMENTO

v. 3: *"Certamente ele te livrará do laço do passarinheiro, e da peste perniciosa."*.

I Co 10:13: "Não veio sobre vós tentação, senão humana. E FIEL É DEUS, que não vos deixara tentar acima do que podeis resistir, antes com a tentação dará também o escape, para que a POSSAIS SUPORTAR".

4. COBERTURA

v. 4: *"Ele te cobrirá com as suas penas, e debaixo das suas asas estarás SEGURO, a sua FIDELIDADE será teu escudo e broquel (proteção, amparo, defesa)."*.

Sal 27:5 nos diz: "Pois no dia da adversidade ele me esconderá no seu pavilhão, no OCULTO do seu tabernáculo me esconderá, e pôr-me-á sobre uma ROCHA".

Sl 31:20: "Tu os esconderás, no SECRETO da sua presença, das INTRIGAS DOS HOMENS, na tua habitação ocultá-los-ás das línguas ACUSADORAS.".

E Lc 13:34 nos diz: "Jerusalém, Jerusalém! Que matas os profetas, e apedrejas os que te são enviados! Quantas vezes quis eu ajuntar os seus pintinhos debaixo das asas, e vós não o quisestes!".

5. PROTEÇÃO

v. 5-10: *Não temerás o terror noturno, nem a seta que voa de dia, nem a peste que anda na escuridão, nem a praga que destrói ao meio-dia.*

Mil cairão ao teu lado, dez mil a tua direita, mas tu não serás atingido. Somente com os teus olhos contemplarás, e verás a recompensa dos ímpios. Se fizeres do Senhor o teu REFÚGIO, e do Altíssimo a tua HABITAÇÃO, nenhum mal te sucederá.".

Deus nos protege do escuro, da violência, da peste, da mortandade, dos ataques.

6. COMPANHIA

- os anjos estão presentes como ministros de Deus.

Sl 34:7: "O anjo do Senhor acampa-se ao redor dos que o temem, e os livra".

- creio que essa companhia é a do próprio Jesus Cristo.

Sl 91:11-12: "*Pois aos seus anjos dará ordem a teu respeito, para te guardarem em todos os teus caminhos. Eles te sustentarão nas suas mãos, para que não TROPECES em alguma pedra.*".

7. VITÓRIA

O inimigo ficará subjugado debaixo dos nosso pés (v. 13: "*Pisarás o leão e a áspide* [**pequena cobra venenosa. Pessoa maledicente**] *calcarás aos pés o grande leão e a serpente.*").

Lc 10:19: "Eu vos dei autoridade para pisar serpentes e escorpiões, e toda a FORÇA DO INIMIGO, e nada vos fará dano algum".

8. POSIÇÃO

O Senhor coloca-nos num lugar afastado, solitário, num ALTO RETIRO, um remanso. Essa é a nossa posição em Cristo.

v. 14: "*Porque ele me ama, diz o Senhor, eu o livrarei, pô-lo-ei num alto retiro, pois conhece o meu NOME.*".

9. SAÍDA

Oramos e Deus responde, e na ANGÚSTIA está conosco.

v. 15: "*Ele me invocará, e eu lhe responderei, estarei com ele na ANGÚSTIA, livrá-lo-ei e o glorificarei.*".

10. LONGEVIDADE E SALVAÇÃO

Vida longa aqui e vida eterna, salvação no futuro.

v. 16: "*Dar-lhe-ei abundância de dias, e lhe mostrarei a minha salvação.*".

Rm 16:20: "E o Deus da paz esmagará em BREVE a Satanás debaixo dos vossos pés. A graça de nosso Senhor Jesus Cristo seja convosco. Amém".

A família não é a CAUDA, mas a CABEÇA.

O inimigo é vencido sob a autoridade de Jesus Cristo.

A Graça que não desiste

João 20:24-31

Nesse relato bíblico, encontramos a maneira cheia de graça com a qual Jesus trata um homem que está crise.

1. GRAÇA QUE NÃO DESISTE

a- Deus nunca abandona.
b- Deus nunca despreza.
c- Deus nunca se cansa.
d- Jesus veio até o local em que estava aquele grupo só por causa de um homem. E quem era este? Era um homem cheio de defeitos, um homem que não estava presente quando Jesus apareceu ao grupo oito dias antes, um homem que não creu quando os amigos lhe contaram da aparição de Jesus.

A graça de Cristo parece até que não vê defeitos. Ela não se dá por vencida, ela não se cansa, ela não desiste.

2. A GRAÇA QUE NÃO PERDE A PACIÊNCIA

a- Jesus foi paciente com Tomé, mandou que ele colocasse o seu dedo nas cicatrizes, visse as suas mãos e pés e posicionasse as suas próprias mãos no lado em que fora ferido com a lança. Jesus foi paciente ao dizer para Tomé fazer a prova tocando no lugar das suas feridas.
b- Pedro, o apóstolo, diz, em 2 Pe 3:9, que Jesus é paciente.

3. A GRAÇA QUE NÃO PERDE A ESPERANÇA

a- Os versículos 27 e 29 de João capítulo 20 nos mostram Jesus restaurando o seu querido amigo. Cristo restabelece a sua crença e fé.
b- Tomé vivia o seu momento de crise de fé. Jesus poderia muito bem tê-lo abandonado, dizendo ser Tomé um caso perdido.
Mas assim não foi. Cristo reacendeu naquele coração duvidoso a chama da fé.
c- A graça de Deus não permite que o Senhor perca a esperança na nossa restauração.

Queridos amigos, aqui encontramos três manifestações da graça de Deus para nós:

1- Jesus não desistiu de Tomé.
- portanto não desistam de estudar. Há muitos desafios e muitos horizontes a serem conquistados. Não desistam nunca.

2- Jesus não perdeu a paciência com Tomé.
- não percam a paciência com as pessoas que estão ao seu lado. Estas são as maiores incentivadoras para o seu progresso e são: seus professores, seus parentes e, principalmente, seus PAIS.

3- Jesus não perdeu a esperança em Tomé.
- em toda a sua vida, formandos, uma das coisas que vocês carregarão sempre será a ESPERANÇA. A ESPERANÇA DO SENHOR não desaponta, pois Ele sempre estará ao seu lado.

Para Jesus, não existem casos perdidos.
Se a sua história é parecida com a de Tomé, permita que Deus faça algo por você.

A grande comissão

Mateus 28:16-20

"16 Partiram, pois, os onze discípulos para a Galileia, para o monte onde Jesus lhes designara.

17 Quando o viram, o adoraram; mas alguns duvidaram.

18 E, aproximando-se Jesus, falou-lhes, dizendo: Foi-me dada toda a autoridade no céu e na terra.

19 Portanto ide, fazei discípulos de todas as nações, batizando-os em nome do Pai, e do Filho, e do Espírito Santo;

20 ensinando-os a observar todas as coisas que eu vos tenho mandado; e eis que eu estou convosco todos os dias, até a consumação dos séculos." (Mt 28:16-20).

Irmãos, como é natural querermos contar aos nosso semelhantes as nossas descobertas.

Talvez o remédio para uma doença, um meio de trabalhar ou viajar como menos esforço ou, quem sabe, uma fonte de fortuna.

É natural que não fiquemos calados, que queiramos publicar a novidade a todos os nossos amigos.

O Zelo EVANGELIZADOR de qualquer pessoa será formado à MEDIDA que a salvação de Deus for uma REALIDADE DA SUA EXPERIÊNCIA.

COMO FOI A SUA EXPERIÊNCIA?

1. A ESFERA

"Partiram, pois, os onze discípulos para a Galileia, para **o monte onde Jesus lhes designara**." (Mt 28:16).

Vemos no VT uma nação única, escolhida e separada para ser o objeto do especial cuidado e cultura de Deus.

O cristianismo é oferecido a todos sem excepção, mas o começo deveria ser com Jerusalém.

a. Eles partiram com um ideal. Quantas pessoas? 11.

- Qual é o ideal da sua vida cristã?
- Você foi chamado por Deus para quê?

O ideal de uma igreja é o que ela é

- mais CALOROSA por meio da COMUNHÃO;
- mais PROFUNDA por meio do DISCIPULADO;
- mais FORTE por meio da ADORAÇÃO;
- caso haja mais MINISTÉRIOS.
- caso exista mais DISCIPULADO.

b. Para onde foram? A um monte

Vamos retirar a palavra monte: eles partiram com um **ideal**, mas para onde?

Toda Igreja deve QUERER alcançar um maior número de pessoas para Cristo e DESEJAR que elas se tornem ESPIRITUALMENTE maduras.

Jesus deixou 11 líderes com um grande potencial, uma vez que conheciam Cristo profundamente. Logo depois veio Paulo.

Na história da humanidade, tivemos grandes líderes, tais como: Nero, Idi Amin, Hitler, Mussoline e outros. Eles revelaram notáveis características de liderança, mas as suas influências CORROMPIAM, DESTRUÍAM e ARRUINAVAM. Suas lideranças resultaram em algo **MALÉFICO PERMANENTE**.

Meu irmão, ouça bem o que eu vou lhe dizer: quando os pais impedem que seus filhos tenham total acesso ao CONHECIMENTO DE DEUS, estão criando um LÍDER MALÉFICO PERMANENTE.

Devemos criar líderes com uma dimensão de BENÉFICO PERMANENTE. O critério é uma liderança semelhante a de Cristo, a qual mais honra a Deus e beneficia toda a humanidade.

2. A QUEM FOI DADA A COMISSÃO?

Aos homens que tinham estado três anos em íntima associação com Cristo. Aos homens que aprenderam Dele e provaram a graça salvadora da sua presença. Aos homens entusiasmados com amor pelo Salvador do mundo.

"Quando o viram, o adoraram; **mas alguns duvidaram**.". (Mt 28:17).

Meu irmão, estamos estudando: "Uma Igreja com um Propósito", "Conhecendo a Deus e fazendo a sua vontade", "Seja um Discipulador".

Vou apresentar a vocês um projeto:

Se 40 pessoas ganharem uma pessoa por ano:

1- 40 = 80   1- 60 = 120

2- 80 =160   2- 120 = 240

3- 160 =320   3- 240 = 480

4- 320 = 640   4- 480 = 960

5- 640 =1280   5- 960 = 1920

6- 1280 = 2560 6- 1920 = 3840

mas alguns duvidaram.

12 discípulos, depois 70, depois 120, depois 3000 e, depois, 5000. Mas alguns ainda duvidaram.

Sabe por que eu não duvido? Porque quem conhece Jesus e está com Ele tem íntima convicção da realidade de Cristo, "CONVOSCO TODOS OS DIAS", e sabe da graça do Espírito Santo que habita em nós.

3. HÁ URGENTE NECESSIDADE DE SEU SERVIÇO

- o mundo está arruinado pelo pecado;
- os homens vivem em conflito uns com os outros;
- a escravatura é universal pelo diabo;

- vivem sem esperança de um porvir.

Quando a igreja é CALOROSA por meio da COMUNHÃO, PROFUNDA por meio do DISCIPULADO e FORTE por meio da ADORAÇÃO, ela tem MINISTÉRIOS e um DISCIPULADO forte. Ela possui uma LIDERANÇA BENÉFICA PERMANENTE.

Outro resultado claro dessa Igreja é mostrado em At 2:46,47:

"46 E, perseverando unânimes todos os dias no templo, e partindo o pão em casa, comiam com alegria e singeleza de coração,

47 louvando a Deus, e caindo na graça de todo o povo. E cada dia acrescentava-lhes o Senhor os que iam sendo salvos.".

O que havia: ARREPENDIMENTO, PERSEVERANÇA, LIBERALIDADE, ALEGRIA, COMUNHÃO e UNANIMIDADE.

"32 Da multidão dos que criam, **era um só o coração** e **uma só a alma**, e ninguém dizia que coisa alguma das que possuía era sua própria, mas todas as coisas lhes eram comuns.

33 **Com grande poder os apóstolos davam testemunho da ressurreição do Senhor Jesus,** e em todos eles havia abundante graça.

34 Pois não havia entre eles necessitado algum; porque todos os que possuíam terras ou casas, vendendo-as, traziam o preço do que vendiam e o depositavam aos pés dos apóstolos.

35 E se repartia a qualquer um que tivesse necessidade.

36 então José, cognominado pelos apóstolos Barnabé (que quer dizer, filho de consolação), levita, natural de Chipre,

37 possuindo um campo, vendeu-o, trouxe o preço e o depositou aos pés dos apóstolos." (At 4:32-37).

Quem tem provado o poder do evangelho em sua vida?

Qual é a sua grande comissão?

"E, aproximando-se Jesus, falou-lhes, dizendo:

Foi-me dada toda a autoridade no céu e na terra.

Portanto ide, fazei discípulos de todas as nações, batizando-os em nome do Pai, e do Filho, e do Espírito Santo; ensinando-os a observar todas as coisas que eu vos tenho mandado; e eis que eu estou convosco todos os dias, até a consumação dos séculos." (Mt 28:18-20).

A história de um homem

Lucas 12:16-20

"16 Então Jesus contou a seguinte parábola: – As terras de um homem rico deram uma grande colheita. 17 Então ele começou a pensar: 'Eu não tenho lugar para guardar toda esta colheita. O que é que vou fazer? 18 Ah! Já sei! – disse para si mesmo. – Vou derrubar os meus depósitos de cereais e construir outros maiores ainda. Neles guardarei todas as minhas colheitas junto com tudo o que tenho. 19 Então direi a mim mesmo: 'Homem feliz! Você tem tudo de bom que precisa para muitos anos. Agora descanse, coma, beba e alegre-se." 20 Mas Deus lhe disse: 'Seu tolo! Esta noite você vai morrer; aí quem ficará com tudo o que você guardou?'" (Lc 12:16-20).

Vemos, nesse texto, mais uma parábola que Jesus usa para ilustrar outra verdade sobre a condição do homem para com Deus, o Criador.

v. 16: "Então Jesus contou a seguinte parábola: – As terras de um homem rico deram uma grande colheita" (ou, produziu com ABUNDÂNCIA).

Não sabemos, aqui, o que foi plantado naquela terra, mas compreendemos que foi muito boa a plantação.

Não, esse homem não sabia o que fazer com tanta produção, pois não tinha onde recolher tanta coisa. Até que lhe surgiu uma grande ideia:

"18 Ah! Já sei! – disse para si mesmo. – Vou derrubar os meus depósitos de cereais e construir outros maiores ainda. Neles guardarei todas as minhas colheitas junto com tudo o que tenho. 19Então direi a mim mesmo: 'Homem feliz! Você tem tudo de bom que precisa para muitos anos. Agora descanse, coma, beba e alegre-se [ou regala-te].'" (Lc 12:18,19).

O Senhor não quis se ocupar com o interesse material de seus ouvintes. A vida de alguém pouco tem a ver com a abundância de seus bens, e a riqueza material pode ser perdida em uma noite, mas a verdadeira riqueza é o que temos junto a Deus.

A loucura desse homem consistia em duas coisas:

1- presumir que ia viver muitos anos;
2- que COMER, BEBER e FOLGAR consistia em viver.

v. 20: "Seu tolo! Esta noite você vai morrer; aí quem ficará com tudo o que você guardou?" ou "Louco, esta noite te pedirão a tua alma".

A LOUCURA DESSE HOMEM CONSISTIA EM:

a- uma falsa concepção de vida;
b- o esquecimento da divina providência de Deus;
c- a negativa da mordomia humana;
d- a negligência em relação à verdadeira mordomia, a qual consiste em entesourar no céu.

POR QUE LOUCO?

Porque pensava que poderia encher sua alma com alimentos, mas a alma não pode comer, nem beber tal como o nosso corpo.

Sua alma estava faminta e DEFINHANDO em profunda escuridão espiritual.

O apóstolo Paulo, em Ef 3:18-19, diz-nos:

"18 para que assim, junto com todo o povo de Deus, vocês possam compreender o amor de Cristo em toda a sua largura, comprimento, altura e profundidade. 19 Sim, embora seja impossível conhecê-lo perfeitamente, peço que vocês venham a conhecê-lo, para que assim Deus encha completamente o ser de vocês com a sua natureza.".

Aqui, nesse texto, há quatro dimensões do amor de Cristo, ou as quatro extremidades da cruz:

1) LARGURA: abrange a todos os homens.

"Então ele disse: – Vão pelo mundo inteiro e anunciem o evangelho a todas as pessoas." (Mc 16:15).

2) COMPRIMENTO: abrange todos os tempos.

"O Senhor não demora a fazer o que prometeu, como alguns pensam. Pelo contrário, ele tem paciência com vocês porque não quer que ninguém seja destruído, mas deseja que todos se arrependam dos seus pecados." (II Pe 3:9)

3) ALTURA: estendeu-se até o céu para trazer o Filho Amado, esvaziando-se de sua majestade.

"6 Ele tinha a natureza de Deus, mas não tentou ficar igual a Deus. 7 Pelo contrário, ele abriu mão de tudo o que era seu e tomou a natureza de servo, tornando-se assim igual aos seres humanos. E, vivendo a vida comum de um ser humano, 8 ele foi humilde e obedeceu a Deus até a morte – morte de cruz." (Fp 2:6-8)

Para onde nos levará um dia?

"1 Jesus disse: – Não fiquem aflitos. Creiam em Deus e creiam também em mim. 2 Na casa do meu Pai há muitos quartos, e eu vou preparar um lugar para vocês. Se não fosse assim, eu já lhes teria dito. 3 E, depois que eu for e preparar um lugar para vocês, voltarei e os levarei comigo para que onde eu estiver vocês estejam também. 4 E vocês conhecem o caminho para o lugar aonde eu vou." (Jo 14:1-4)

Não seria louco o caminho desse homem? Ele confiava em seus bens e em sua riqueza para ser salvo.

"Seu tolo! Esta noite você vai morrer; aí quem ficará com tudo o que você guardou?" ou "Louco, esta noite te pedirão a tua alma" (Lc 12:20).

4) A PROFUNDIDADE:

"5 A morte me amarrou com as suas cordas, e a sepultura armou a sua armadilha para me pegar. 6 No meu desespero, eu clamei ao Senhor e pedi que ele me ajudasse. Do seu templo no céu o Senhor ouviu a minha voz, ele escutou o meu grito de socorro." (Sl 18:5-6).

I Pe 2:24: "O próprio Cristo levou os nossos pecados no seu corpo sobre a cruz a fim de que morrêssemos para o pecado e vivêssemos uma vida correta. Por meio dos ferimentos dele vocês foram curados.".

Jesus suportou o sofrimento infinito para expiar os nossos pecados.

Louco é o homem que pensa que viverá eternamente neste mundo.

O corpo pode estar realizado, MAS A ALMA está faminta, com sede e sem paz. Está arruinada, desesperada, angustiada.

Se você se sente assim, entregue para Jesus o seu coração e sinta a alegria da salvação de sua alma.

Sinta a largura, o comprimento, a altura e a profundidade do AMOR de Deus por você.

Atitudes de um homem de Deus
Êxodo 33:1-11

O texto de Êxodo 33:1-11 vem após uma situação de muita dor e sofrimento para Moisés, pois o povo de Deus havia feito, para si, um bezerro de ouro e, em virtude disso, passou pela destruição da comunhão com o Senhor (Êx 32).

Em Êx 32:11-24, encontramos Moisés intercedendo pelo povo.

Em Êx 32:25-29, Moisés manda matar os responsáveis por tão grande ultraje ao Senhor.

Em Êx 32:30-35, deparamo-nos com Moisés novamente intercedendo pelo povo.

E, neste texto, o Senhor dá um recado a Moisés e ao seu povo:

"1 Disse mais o Senhor a Moisés: Vai, sobe daqui, tu e o povo que fizeste subir da terra do Egito, para a terra a respeito da qual jurei a Abraão, a Isaque, e a Jacó, dizendo: à tua descendência a darei.

2 E enviarei um anjo adiante de ti (e lançarei fora os cananeus, e os amorreus, e os heteus, e os perizeus, e os heveus, e os jebuseus),

3 para uma terra que mana leite e mel; porque eu não subirei no meio de ti, porquanto és povo de cerviz dura; para que não te consuma eu no caminho." (Êx 33:1-3).

O Senhor disse a ele: "Vai, sobe daqui [...]" (v. 1).

As promessas de Deus não voltam atrás. É só avançar para entrar na plenitude do gozo do Senhor.

No segundo versículo, "E enviarei um anjo adiante de ti [...]", no anjo, vemos claramente a presença de Jesus Cristo, que nos reconciliou com Deus. Enfrentar a Deus seria a sua própria destruição.

"4 E quando o povo ouviu essa má notícia, pôs-se a prantear, e nenhum deles vestiu **os seus atavios**.

5 Pois o Senhor tinha dito a Moisés: Dize aos filhos de Israel: És um povo de dura cerviz; se por um só momento eu subir no meio de ti, te consumirei; portanto **agora despe os teus atavios**, para que eu saiba o que te hei de fazer." (Êx 33:4-5).

O povo estava começando a sentir o peso do juízo de Deus e, cheio de tristeza, a se despir de todo adorno. "[...] **para que eu saiba o que te hei de fazer**." (Êx 33:5)

Vamos parar um pouco aqui e pensar o que aquele povo merecia.

-ATAVIOS: símbolos de um estado alegre, próspero e de grande importância. Se o povo estava numa condição de ARREPENDIMENTO, não podia se vestir de uma maneira festiva.

Os ATAVIOS do verdadeiro povo de Deus vêm do próprio Senhor.

- Mt 22:11-12: "11 Entrando, porém, o rei para ver os que estavam mesa, notou ali um homem que não trazia veste nupcial.

12 E perguntou-lhe: Amigo, como entraste aqui sem veste nupcial? E ele emudeceu.".

- Ap 19:8: "Pois lhe foi dado vestir-se de linho finíssimo, resplandecente e puro. Porque o linho finíssimo são os atos de justiça dos santos.".

Rm 13:14: "**Mas revesti-vos do Senhor Jesus Cristo, e nada disponhais para a carne, no tocante às suas concupiscência**.".

Esses versículos apontam para a segunda vinda de Cristo como incentivo que deve nos levar a cumprir com os deveres dos capítulos 12 e 13.

1. Um apelo solene: ACORDAI, "E isso fazei, conhecendo o tempo, que já é hora de despertardes do sono; [...]" (Rm 13:11).

2. Há um motivo claro: A COMPLETAÇÃO. "[...] porque a nossa salvação está agora mais perto de nós do que quando nos tornamos crentes." (Rm 13:11).

3. Uma esperança gloriosa: O DIA SE APROXIMA. "A noite é passada, e o dia é chegado. [...]" (Rm 13:12).

4. A um conselho prático: "[...] Dispamo-nos, pois, das obras das trevas, e vistamo-nos das armas da luz. 13 Andemos honestamente, como de dia: não em glutonarias e bebedeiras, não em impudicícias e dissoluções, não em contendas e inveja." (Rm 13:12-13).

5. Uma provisão completa: "Mas revesti-vos do Senhor Jesus Cristo; e não tenhais cuidado da carne em suas concupiscências." (Rm 13:14).

Devemos revestirmo-nos da vida santa em Cristo (ver: Mt 22:11-14), e vestir-se de Cristo significa viver, pelo Espírito de Cristo, uma vida igual àquela que Ele viveria no mundo.

Voltando para o texto de Êx 33:7-11:

"7 Ora, Moisés costumava tomar a tenda e armá-la fora do arraial, bem longe do arraial; e chamou-lhe a tenda da revelação. E todo aquele que buscava ao Senhor saía à tenda da revelação, que estava fora do arraial."

Nesse período ainda não existia o Tabernáculo. Essa tenda da reunião era um santuário temporário no qual aqueles que buscavam o Senhor encontravam-se com Ele.

"8 Quando Moisés saía à tenda, levantava-se todo o povo e ficava em pé cada um à porta da sua tenda, e olhava a Moisés pelas costas, até entrar ele na tenda.

9 E quando Moisés entrava na tenda, a coluna de nuvem descia e ficava à porta da tenda; **e o Senhor falava com Moisés.**

10 Assim via todo o povo a coluna de nuvem que estava à porta da tenda, e todo o povo, levantando-se, adorava, cada um à porta da sua tenda.

11 E falava o **Senhor a Moisés face a face**, como qualquer fala com o seu amigo. Depois tornava Moisés ao arraial; mas o seu servidor, o mancebo Josué, filho de Num, não se apartava da tenda.".

Esta expressão: *quando Moisés saía para a tenda*, a qual encontramos no versículo 8:

- sair para fora. Não significa ISOLAMENTO, FUGA ou ALIENAÇÃO, mas, muito pelo contrário, significa buscar, em Deus, FORÇAS, GRAÇA e ORIENTAÇÃO;

- sair não só no sentido físico, mas sair do COMODISMO, da PREGUIÇA, do PRECONCEITO, da INDIFERENÇA, da FRIEZA e do PECADO.

A saída de Moisés para a tenda era observada por todo o povo: "Quando Moisés saía à tenda, levantava-se todo o povo e ficava em pé cada um à porta da sua tenda, e olhava a Moisés pelas costas, até entrar ele na tenda." (v. 8).

A lição de que seus pecados foram a causa da separação entre ele e Deus despertou um anseio no coração do povo, "Assim via todo o povo a coluna de nuvem que estava à porta da tenda, e todo o povo, levantando-se, adorava, cada um à porta da sua tenda" (v. 10), o que tornou possível uma restauração completa.

TRANSPARÊNCIA: "Porém vindo Moisés perante o Senhor para falar-lhe, removia o véu até sair, e, saindo, dizia aos filhos de Israel tudo o que lhe tinha sido ordenado." (Êx 34:34).

1. Remover o véu significava achegar-se ao Senhor com SINCERIDADE, sem MASCARÁ, sem FANTASIA e sem HIPOCRESIA.

2. Irmãos, não é facil tirar o véu quando chegamos à presença de Deus.

Mas seus olhos tudo veem. Ele AMA A VERDADE NO ÍNTIMO. Ele conhece o ESCONDIDO, as DOBRAS, o OCULTO, o RECÔNDITO.

3. Não tirar o véu é o mesmo que não confessar o pecado. "O que encobre as suas transgressões, jamais prosperará, mas o que as confessa e deixa, alcançará misericórdia." (Pv 28:13).
4. Deus quer uma Igreja TRANSPARENTE. Talvez um de seus grandes pecados, em toda a história, é o fato de ela tentar demostrar uma coisa quando a realidade é outra.

É PRECISO TIRAR O VÉU

Em Êx 34:35, "Assim, pois, viram os filhos de Isarel o rosto de Moisés, viam que a pele do seu rosto resplandecia, porém Moisés cobria de novo o rosto com o véu até entrar a falar com ele.":

- a- Moisés cobria, de novo, o rosto com o véu e, de acordo com versículo 29 ,"não sabia que a pele do seu rosto resplandecia".
- b- Mas o versículo 30 nos diz que Arão e todos os filhos de Israel viram o brilho no rosto de Moisés e temeram achegar-se a ele;
- c- foi aí que Moisés, então, cobriu o seu rosto com o véu – isso significa que ele SE HUMILHOU e IDENTIFICOU-se com o seu povo. Moisés sabia a hora de tirar o véu e também a de colocá-lo.
- d- Isso nos lembra de Jesus, que, um dia, "TIROU A VESTIMENTA DE CIMA" (Jo 13:4).
- e- O que temos tentado demonstrar talvez seja uma coisa que diverge da realidade.
- f- "[...] TIRA DE TI OS TEUS ATAVIOS, para que eu saiba o que te hei de fazer." (Êx 33:5).
- g- Igreja de Jesus, vós que sois o Santuário do Deus Vivo, é chegada a hora de tirar a roupa suja, de sair do COMODISMO, da PREGUIÇA, do PRECONCEITO, da INDIFERENÇA, da FRIEZA e do PECADO.
- h- "[...] TIRA DE TI OS TEUS ATAVIOS, para que eu saiba o que te hei de fazer." (Êx 33:5).

Buscar ao Senhor

Buscar-me-eis, e me achareis, quando me buscardes de todo o vosso coração (Jeremias 29:13)

Buscai ao Senhor enquanto se pode achar, invocai-o enquanto está perto. (Isaías 55:6).

Quero meditar convosco sobre buscar ao Senhor.
Anelo ver o Senhor agir, vê-lo manifestar-se no nosso meio de um modo sobrenatural, não numa mesmice, mas numa grande glória, num grande poder, do mesmo modo que aconteceu no livro de Isaías.

Is 6:1-4: "1 No ano em que o rei Uzias morreu, eu vi o Senhor sentado num trono alto e elevado. O seu manto se estendia pelo Templo inteiro, 2 e em volta dele estavam serafins. Cada um deles tinha seis asas: com duas eles cobriam o rosto, com duas cobriam o corpo e com as outras duas voavam. 3 Eles diziam em voz alta uns para os outros: 'Santo, santo, santo é o SENHOR Todo-Poderoso; a sua presença gloriosa enche o mundo inteiro!' 4 O barulho das vozes dos serafins fez tremer os alicerces do Templo, que foi ficando cheio de fumaça.".

- A palavra hebraica para glória de Deus é *Shekinah*, e esta é a aspiração de todo o ser humano.
- A Bíblia diz que todos pecaram e estão destituídos da glória de Deus. Isso quer dizer que, originalmente (antes do pecado), o homem não estava destituído dela.
- Nós fomos criados para isto: para glorificar a Deus.
- Quero te dizer uma coisa: **você só se sentirá completo se viver para glorificar a DEUS**. Não tem outra forma, você foi criado para isso.
- O ser humano pode buscar, em várias fontes, diversas formas de preencher seu vazio, mas isso só será possível se ele glorificar a Deus.
- A glória de Deus é nosso objetivo.
- Amados, se nossa vida não tem por objetivo glorificar a Deus, há algo errado.

Salmos 22:23: "Vós, que temeis ao Senhor, louvai-o; todos vós, filhos de Jacó, glorificai-o; temei-o todos vós, descendência de Israel.".

Aleluia! Temos todos os motivos para glorificar a Deus.

1. PORQUE ELE NOS DÁ A PAZ

João 14:27: "Deixo-vos a paz, a minha paz vos dou; eu não vo-la dou como o mundo a dá. Não se turbe o vosso coração, nem se atemorize.".

2. PORQUE ELE NOS SALVOU

Efésios 2:1: "Ele nos vivificou, estando nós mortos nos nossos delitos e pecados.".

Colossenses 1:13: "e que nos tirou do poder das trevas, e nos transportou para o reino do seu Filho amado.".

3. PORQUE ELE NOS TORNOU SEUS FILHOS

Efésios 1:5: "e nos predestinou para sermos filhos de adoção por Jesus Cristo, para si mesmo, segundo o beneplácito de sua vontade.".

4. PORQUE ELE NOS AMA

João 3:16: "Porque Deus amou o mundo de tal maneira que deu o seu Filho unigênito, para que todo aquele que nele crê não pereça, mas tenha a vida eterna.".

I João 4:16: "E nós conhecemos, e cremos no amor que Deus nos tem. Deus é amor; e quem permanece em amor, permanece em Deus, e Deus nele.".

Celebrando a unidade

Ação coletiva tendente a um fim único.

Nas escrituras, aparece a ideia de UNIDADE como uma exortação aos cristãos.

1. A BEM-AVENTURANÇA DA UNIDADE

Ef 4:3: "Procurando guardar a unidade do Espírito pelo vínculo da paz.".

2. A UNIDADE NO ESPÍRITO

Sl 133:1-3: "OH! quão bom e quão suave é que os irmãos vivam em união.
2 É como o óleo precioso sobre a cabeça, que desce sobre a barba, a barba de Arão, e que desce à orla das suas vestes.
3 Como o orvalho de Hermom, e como o que desce sobre os montes de Sião, porque ali o SENHOR ordena a bênção e a vida para sempre.".

3. A UNIDADE DE CRISTO

I Co 1:10: "Rogo-vos, porém, irmãos, pelo nome de nosso Senhor Jesus Cristo, que digais todos uma mesma coisa, e que não haja entre vós dissensões; antes sejais unidos em um mesmo pensamento e em um mesmo parecer.".

4. A UNIDADE EM ORAÇÃO

Mt 18:19: "Também vos digo que, se dois de vós concordarem na terra acerca de qualquer coisa que pedirem, isso lhes será feito por meu Pai, que está nos céus.".

5. A UNIDADE NO BATISMO

Ef 4:5: "Um só SENHOR, uma só fé, um só batismo.".

6. A UNIDADE DO POVO DE DEUS

Israel como um só homem.

"Assim ajuntaram-se contra esta cidade todos os homens de Israel, unidos como um só homem." (Juízes 20:11).

7. A UNIDADE DO SACRIFÍCIO E DA RESSURREIÇÃO DE CRISTO

Rm 6:5: "Porque, se fomos plantados juntamente com ele na semelhança da sua morte, também o seremos na da sua ressurreição.".

Clamor sem barreiras
Jeremias 5:21-31

Nosso tema é: CLAMOR SEM BARRERIRAS.

Como poderá haver CLAMOR quando há barreiras entre nós?

Em Jr 33:3, temos: "Invoca-me, e te responderei, anunciar-te-ei coisas grandes e OCULTAS, QUE NÃO CONHECES.".

A palavra OCULTAS no hebraico significa "cortar ou aparar". Isto é, isolar, tornar inacessível devido à altura ou às fortificações.

Jr 33:4: "Pois assim diz o Senhor, o Deus de Israel, **acerca das casas desta cidade**, e **acerca das casas dos reis** de Judá, que foram demolidas para fazer delas uma defesa contra os valados e contra a espada;".

Irmãos, a desgraça nacional de Jerusalém e Judá, como a do nosso Brasil e as do Paraná, Pinhais e Maria Antonieta, é o efeito imediato de todas as classes sociais viverem longe de Deus (v. 1-6).

A idolatria de nosso país causa uma série de imoralidades que levam à retirada do apoio divino (ver: v. 7-11).

Viver longe de Deus é um ato de insensatez e rebeldia (ver: v. 21-23).

Quantas mortes, quantos assaltos, quantos lares destruídos pelo tráfico de drogas etc.

EXISTEM BARREIRAS, tais como o pecado e a iniquidade do homem, que o afasta da verdade:

- sua própria natureza;

- sua falta de amor ao próximo;

- seu próprio mundo interior;

- seu medo de amar e relacionar-se com o próximo pelo receio de ser ferido.

Pessoas feridas ferindo os outros.

O Inimigo da humanidade, do homem, tem agido com uma de suas armas mais velhas, de seu poderio limitado.

A INSUBURDINAÇÃO:

Quando lançada contra o homem, principalmente o servo ou a serva de Deus, essa arma é mortal.

Porque ele não se submeteu ao Senhor.

- Homens insubordinados: não a Deus, a líderes, eles são sabedores de toda a verdade, menos daquele que é a verdade.

1. COMO CLAMAR QUANDO HÁ INSENSIBILIDADE

Jr 5:21-23: "21 Ouvi agora isto, ó povo insensato e sem entendimento, que tendes olhos e não vedes, que tendes ouvidos e não ouvis:

22 Não me temeis a mim? diz o Senhor; não tremeis diante de mim, que pus a areia por limite ao mar, por ordenança eterna, que ele não pode passar? Ainda que se levantem as suas ondas, não podem prevalecer; ainda que bramem, não a podem traspassar.

23 Mas este povo é de coração **obstinado e rebelde**; rebelaram-se e foram-se.".

A obstinação pelas coisas deste mundo torna o homem rebelde e insensível.

2. COMO CLAMAR QUANDO DESPREZAMOS A GRAÇA DE DEUS

Jr 5:24-25: "24 E não dizem no seu coração: Temamos agora ao Senhor nosso Deus, que dá chuva, tanto a temporã como a tardia, a seu tempo, e nos conserva as semanas determinadas da sega.

25 As vossas iniqüidades desviaram estas coisas, e os vossos pecados apartaram de vós o bem.".

A iniquidade do homem deste século desvia a graça do Senhor de sua vida, e bênçãos sem medida são desviadas por causa dela.

3. COMO CLAMAR QUANDO O LAR ESTÁ DESAJUSTADO

Jr 5:27b: "Assim as suas casas estão cheias de dolo.".

4. COMO CLAMAR QUANDO VEMOS UM FALSO RELACIONAMENTO

Jr 5:26: "Porque ímpios se acham entre o meu povo; andam espiando, como espreitam os passarinheiros. Armam laços, apanham os homens.".

5. COMO CLAMAR QUANDO TOLERAMOS E ACEITAMOS AS MENTIRAS

Jr 5:30-31: "30 Coisa espantosa e horrenda tem-se feito na terra: 31 os profetas profetizam falsamente, e os sacerdotes dominam por intermédio deles; e o meu povo assim o deseja. Mas que fareis no fim disso?".

Essas são algumas barreiras.

Quando houver clamor verdadeiro, quando as barreiras forem rompidas, haverá um verdadeiro culto ao Senhor.

a- Será verdadeiro porque celebrará a presença de Deus.

Sl 149:2-3,5-6: "2 Alegre-se Israel naquele que o fez; regozijem-se os filhos de Sião no seu Rei.

3 Louvem-lhe o nome com danças, cantem-lhe louvores com adufe e harpa.

5 Exultem de glória os santos, cantem de alegria nos seus leitos.

6 Estejam na sua garganta os altos louvores de Deus, e na sua mão espada de dois gumes,".

b- Será verdadeiro porque é o resultado da nossa salvação.

Sl 149:4: "Porque o Senhor se agrada do seu povo; ele adorna os mansos com a salvação.".

c- Será verdadeiro porque não estará preso ao tempo, nem ao espaço.

Sl 149:5: "Exultem de glória os santos, cantem de alegria nos seus leitos.".

d- Será verdadeiro porque priorizará a palavra de Deus.

Sl 149:6: "Estejam na sua garganta os altos louvores de Deus, e na sua mão espada de dois gumes,".

Hb 4:12: "Porque a Palavra de Deus é viva e eficaz, e mais cortante do que qualquer espada de dois gumes e penetra até ao ponto de dividir alma e espírito, juntas e medulas, e apta para discernir os pensamentos e propósitos do coração.".

Você pode ver barreiras em você?

Coisas difíceis na vida de um profeta

Ezequiel 37:1-10.

As vezes, Deus nos permite passar por momentos angustiantes. Ezequiel vivei alguns desses momentos.

1. DEUS O LEVOU A UM LUGAR DIFÍCIL

Ez 37:1-2: "1. Veio sobre mim a mão do Senhor; e ele me levou no Espírito do Senhor, e me pôs no meio do vale que estava cheio de ossos; 2. e me fez andar ao redor deles. E eis que eram muito numerosos sobre a face do vale; e eis que estavam sequíssimos.".

   a. um vale de ossos secos;
   b. Jesus foi levado pelo Espírito a um lugar difícil (Mt 4);
   c. João também foi levado a um lugar difícil (Ap 1);
   d. Filipe foi parar na estrada deserta (At 8).

2. DEUS PERGUNTOU-LHE UMA COISA DIFÍCIL

Ez 37:3: "Ele me perguntou: Filho do homem, poderão viver estes ossos? Respondi: Senhor Deus, tu o sabes.".

a- ESSES OSSOS PODEM REVIVER ?

b- Jesus perguntou uma coisa difícil a Pedro: Pedro, tu me amas? (ver: Jo 21).

3. DEUS NOS MANDA FAZER COISAS DIFÍCEIS

Ez 37:4-6: "4 Então me disse: Profetiza sobre estes ossos, e dize-lhes: **Ossos secos, ouvi a palavra do Senhor.**

5 Assim diz o Senhor Deus a estes ossos: Eis que vou fazer entrar em vós o fôlego da vida, e vivereis.

6 E porei nervos sobre vós, e farei crescer carne sobre vós, e sobre vos estenderei pele, e porei em vós o fôlego da vida, e vivereis. Então sabereis que eu sou o Senhor.".

O objetivo de profetizar é fazer alguém escutar a Palavra de Deus, e fazer alguém ouvir a Palavra produz a fé que justifica a vida eterna (ver: Rm 5:1), além de, também, colocar o ouvinte em contato com o Espírito Santo, com sua obra que inspira as palavras da Bíblia.

4. DEUS NOS MOSTRA COISAS DIFÍCEIS.
V. 7,8

Ez 37:7-8: "7 Profetizei, pois, como se me deu ordem. Ora enquanto eu profetizava, houve um ruído; e eis que se fez um rebuliço, e os ossos se achegaram, osso ao seu osso.
8 E olhei, e eis que vieram nervos sobre eles, e cresceu a carne, e estendeu-se a pele sobre eles por cima; mas não havia neles fôlego.".

   a. Ezequiel viu Deus criando TENDÕES, CARNE e PELE pelo seu poder.
   b. Deus quer nos mostrar coisas grandes, coisas extraordinárias: "*As coisas que o olho não viu, e o ouvido não ouviu, e não subiram ao coração do homem são as que Deus preparou para os que o amam.*" (I Co 2:9).
   c. Conhecemos os segredos de Deus.

Sl 25:14: "*O segredo do Senhor é para os que o temem, ele lhes fará saber a sua aliança.*".

Am 3:7: "*Certamente o Senhor Deus não fará coisa alguma, sem Ter revelado o seu segredo aos seus servos, os profetas.*".

   d. Deus tem coisas especiais para nos mostrar.

Ver: Jr 29:10-14.

- o propósito de RESTAURAÇÃO com base na sua palavra:

"[...] cumprirei sobre vós a minha boa palavra, tornando a trazer-vos a este lugar.". (v. 10);

- os propósitos de Deus são para a paz, um futuro seguro e uma esperança bem firmada:

"[...] planos de paz, e não de mal, para vos dar um futuro e uma esperança." (v. 11);

- os propósitos de Deus RESERVAM um tempo em que haverá plena comunhão com Ele:

"E orareis a mim, e eu vos ouvirei. Buscar-me-eis e me achareis, quando me buscardes de todo o vosso coração." (v. 12-13);

- os propósitos de Deus INCLUEM o AJUSTAMENTO de seu povo.

"[...] e farei voltar os vossos cativos, e congregar-vos-ei de todas as nações, e de todos os lugares." (v. 14).

5. DEUS FAZ COISA DIFÍCEIS

Ez 37:9-10: "9 Então ele me disse: Profetiza ao fôlego da vida, profetiza, ó filho do homem, e dize ao fôlego da vida: Assim diz o Senhor Deus: Vem dos quatro ventos, ó fôlego da vida, e assopra sobre estes mortos, para que vivam.
10 Profetizei, pois, como ele me ordenara; então o fôlego da vida entrou neles e viveram, e se puseram em pé, um exército grande em extremo.".

    a. Deus fez daqueles ossos um exercito sobremodo numeroso;
    b. Deus pode fazer uma coisa difícil em nós e através de nós;
    c. para o Senhor, não há coisas difíceis. Tudo Ele pode fazer.

Os versículos 17 e 27 de Jeremias 32 nos dizem:

"Ah Senhor Deus. Tu fizeste os céus e a terra com o teu grande poder, e com o teu braço estendido. Nada há que te seja demasiado difícil." (v. 17);

"Eu sou o Senhor, o Deus de toda a humanidade. Acaso haveria coisa demasiadamente difícil para mim?" (v. 27).

O homem de Deus poderá passar por experiências difíceis, mas o Senhor irá usá-las para a Sua glória.

Filho, profetiza o meu povo:

"11 Então me disse: Filho do homem, estes ossos são toda a casa de Israel. Eis que eles dizem:

Os nossos ossos secaram-se, e pereceu a nossa esperança;
estamos de todo cortados.

12 Portanto profetiza, e dize-lhes:

Assim diz o Senhor Deus: Eis que eu vos abrirei as vossas
sepulturas, sim, das vossas sepulturas vos farei sair, ó povo
meu, e vos trarei à terra de Israel.

13 E quando eu vos abrir as sepulturas, e delas vos fizer sair, ó povo meu, sabereis que eu sou o Senhor.
14 E porei em vós o meu Espírito, e vivereis, e vos porei na vossa terra; e sabereis que eu, o Senhor, o falei e o cumpri, diz o Senhor." (Ez 37:11-14).

Como derrotar o gigante?

I Sm 17:1-11

Davi foi ungido rei, mas não foi para ficar em um palácio com tapetes persas e trono de ouro. Ele foi ungido rei para lutar por um povo, por uma nação e pela sua própria existência. O inimigo estava desafiando o povo de Deus, causando medo e espanto.

Davi foi e pelejou contra o gigante. O rapaz escolheu cinco pedrinhas no ribeiro e foi contra Golias.

Veja cinco princípios para vencer o gigante que tem afrontado você e o povo de Deus:

1. RECONHEÇA QUE VOCÊ É UM UNGIDO DO SENHOR

"Então Samuel tomou o chifre do azeite, e ungiu-o no meio de seus irmãos; e desde aquele dia em diante o Espírito do SENHOR se apoderou de Davi; então Samuel se levantou, e voltou a Ramá." (**I Sm 16:13**).

*Ungido: consagrado ao Senhor; escolhido; dotado de poder e autoridade; separado para Deus; capacitado para qualquer obra do Espírito Santo.

*"[...] Deus escolheu as coisas loucas do mundo para confundir os sábios; e Deus escolheu as coisas fracas do mundo para confundir as fortes; e Deus escolheu as coisas vis do mundo, e as desprezadas, e as que não são, para reduzir a nada as que são; para que nenhum mortal se glorie na presença de Deus." (I Co 1:27-29).

*"Ora, vós tendes a unção da parte do Santo, e todos tendes conhecimento." (I Jo 2:20).

*"Eis que vos dei poder para pisardes [...]" (Lc 10:19).

2. VERIFIQUE SE HÁ PROMESSAS DO REI PARA VOCÊ

"Então falou Davi aos homens que estavam com ele, dizendo: Que farão àquele homem, que ferir a este filisteu, e tirar a afronta de sobre Israel? Quem é, pois, este incircunciso filisteu, para afrontar os exércitos do Deus vivo?" (**I Sm 17:26**).

*As promessas para Daniel também são para nós:

"Tu porém, segue o teu caminho até o fim. Pois descansarás e no fim dos dias levantarás para receber a tua herança" (Dn 12:13).

*"O Senhor entregará, feridos diante de ti, os teus inimigos que se levantarem contra ti; por um caminho sairão contra ti, mas por sete caminhos fugirão da tua presença." (Dt 28:7).

*"E agora será exaltada a minha cabeça acima dos meus inimigos que estão ao redor de mim; e no seu tabernáculo oferecerei sacrifícios de júbilo; cantarei, sim, cantarei louvores ao Senhor." (Sl 27:6).

*"Em Deus faremos proezas; porque é ele quem calcará aos pés os nossos inimigos"(Sl 108:13).

3. ALISTE-SE PARA A BATALHA SEM TER MEDO DO INIMIGO

"E Davi disse a Saul: Não desfaleça o coração de ninguém por causa dele; teu servo irá, e pelejará contra este filisteu." (**I Sm 17:32**).

*Muitos poderão dizer que você não serve (I Sm 17:33);

*mas se lembre que maior é Aquele que está com você (I Sm 17:37)

4. USE AS ARMAS QUE, HOJE, TENS NAS MÃOS, E O SENHOR ENTREGAR-TE-Á O INIMIGO

I Sm 17:38-40: "38 E Saul vestiu a Davi de suas vestes, e pôs-lhe sobre a cabeça um capacete de bronze; e o vestiu de uma couraça.

39 E Davi cingiu a espada sobre as suas vestes, e começou a andar; porém nunca o havia experimentado; então disse Davi a Saul: Não posso andar com isto, pois nunca o experimentei. E Davi tirou aquilo de sobre si.

40 E tomou o seu cajado na mão, e escolheu para si cinco seixos do ribeiro, e pô-los no alforje de pastor, que trazia, a saber, no surrão, e lançou mão da sua funda; e foi aproximando-se do filisteu.".

*não espere as coisas melhorarem para entrar na batalha;

*não espere ficar mais maduro na fé. Deus te chama hoje para lutar por meio desta;

*não espere ser revestido dos dons para batalhar. Hoje é a sua convocação;

*Sansão "achou uma queixada fresca de jumento e, estendendo a mão, tomou-a e com ela matou mil homens." (Juízes 15:15);

*porque HOJE o Senhor dar-te-á a vitória (I Sm 17:46),

5. ENFRENTE O SEU GIGANTE EM NOME DAQUELE QUE TEM TODO PODER NO CÉU, NA TERRA E DEBAIXO DESTA: O SENHOR DOS EXÉRCITOS

"Davi, porém, disse ao filisteu: Tu vens a mim com espada, e com lança, e com escudo; porém eu venho a ti em nome do SENHOR dos Exércitos, o Deus dos exércitos de Israel, a quem tens afrontado." (I Sm 17:45)

*Davi não confiou na sua habilidade, não acreditou em sua estratégia, nem na sua inteligência.

Ele, porém, confiou no Senhor dos exércitos e derrotou o gigante (ver: I Sm 17:49-50).

Rosto em terra = o inimigo foi humilhado diante dos servos do Senhor. Aleluia!

*E esses sinais acompanharão aqueles que crerem: "[...] Em meu nome expulsarão demônios [Deus não quer que você tenha amizade com demônios, conversa com demônios, tolerância com demônios, nem medo de demônios, mas que os expulse em nome de Jesus]; falarão novas línguas ; pegarão em serpentes; e se beberem alguma coisa mortífera, não lhes fará dano algum; e porão as mãos sobre os enfermos, e estes serão curados. Ora, o Senhor, depois de lhes ter falado, foi recebido no céu, e assentou-se à direita de Deus. Eles, pois, saindo, pregaram por toda parte, cooperando com eles o Senhor, e confirmando a palavra com os sinais que os acompanhavam." (Mc 16:17-20).

Portanto, meus amados, não deixem que o inimigo continue desafiando o povo de Deus e entrem nessa batalha em nome de Jesus. Vamos guerrear juntos contra as potestades das trevas. Lembre-se: somos mais que vencedores! Aleluia!!!

Como retribuirei ao Senhor

Mateus 25:1-30

O capítulo 25 do livro de Mateus divide-se em três partes: 1. "A parábola das dez virgens"; 2. "A parábola dos talentos"; e 3. "O grande julgamento".

Nós iremos deter-nos em apenas duas delas. Creio que estas são o resumo do que está acontecendo em todas as igrejas do nosso Brasil.

Ouvimos a tempos atrás que a nossa nação brasileira se tornaria – e ainda se tornará – um país no qual a glória do Senhor seria vista, uma terra de missionários, de adoradores, um lugar que o Senhor desejaria salvar, assim como outros países.

"1 ENTÃO o reino dos céus será semelhante a dez virgens que, tomando as suas lâmpadas, saíram ao encontro do esposo.
2 E cinco delas eram prudentes, e cinco loucas.
3 As loucas, tomando as suas lâmpadas, não levaram azeite consigo.
4 Mas as prudentes levaram azeite em suas vasilhas, com as suas lâmpadas.
5 E, tardando o esposo, **tosquenejaram todas, e adormeceram**." (Mt 25:1-5).

*A palavra **TOSQUENEJAR** significa: **discordar, alterar, vibrar, tremer**.

O que essas mulheres estavam fazendo era propriamente isto: discordando, alterando, vibrando como uma nota de um instrumento fora de tom, desafinado. O mais triste de tudo é que elas estavam **ADORMECIDAS** a ponto de **não OBSERVAREM**, por falta de atenção, o que estava por vir sobre as suas vidas.

Tenho dialogado com alguns líderes, e a conversa é sempre a mesma: o povo está frio, desatento, descompromissado com o Reino de Deus.

Há um espírito de engano rondando a vida dos cristãos, e ele está agindo na ansiedade, na angústia, na melancolia ou na depressão, na irritação, na agressividade, na crise financeira, no casamento ou em qualquer outra frustração desse povo. Ele introduz, na vida do servos do Senhor, o desejo de uma obra inacabada, incompleta ou obstruída, colocando sobre os seus olhos um espírito maligno de cegueira espiritual, de apatia espiritual ou de enfermidade.

Os cristãos deste século parecem se esquecer de pedir ao Espírito Santo que este os ajude a manter a sua natureza debaixo do poder da cruz de Cristo, podendo o Senhor conduzi-los a toda uma plenitude de redenção, santificação e manifestação do poder de Deus.

A palavra TOSQUENEJAR cai muito bem aqui, em uma geração:

- da discórdia;

- dos alterados;

- dos que vibram não pelas coisas do Reino de Deus.

"6 **Mas à meia-noite ouviu-se um clamor: Aí vem o esposo, saí-lhe ao encontro.**" (Mt 25:6).

A segunda parábola: "13 Vigiai, pois, porque não sabeis o dia nem a hora em que o Filho do homem há de vir.

14 Porque isto é também como um homem que, partindo para fora da terra, chamou os seus servos, e entregou-lhes os seus bens.

15 E a um **deu cinco talentos**, e **a outro dois**, e **a outro um**, **a cada um segundo a sua capacidade**, e ausentou-se logo para longe." (Mt 25:13-15).

Homens que obtiveram talentos: cinco, dois e um.

Uma congregação que recebe dons e talentos para a edificação do corpo de Cristo e o crescimento da Igreja do Senhor sobre a face da terra.

Temos, aqui, o exemplo de um servo que não fez uso do seu talento. Agiu assim porque DESCONFIAVA de seu senhor e o odiava. Não quis se ARRISCAR, nem fazer o DOM circular, preferindo a neutralização (ver: Mt 5:15-16).

A presença do espírito de engano é tão forte na vida dos crentes, enganando-os, que eles não querem mais se ARRISCAR. Arriscar a **amar**, a **perdoar**, a **trabalhar**, a **servir** ao Senhor com alegria e devoção.

Os dons de Deus multiplicam-se se nós os utilizarmos, pois eles transformam as nossa vidas de tal maneira que ficamos em condições de receber muito mais da PLENITUDE que o Senhor nos oferece.

O amor gera mais amor; a fé, mais fé; a obediência, mais obediência à Palavra de Deus, e esta produz uma fonte de virtude que influencia o nosso ambiente.

II Pe 1:3-8: "3 Visto como o seu divino poder nos deu tudo o que diz respeito à vida e piedade, pelo conhecimento daquele que nos chamou pela sua glória e virtude;

4 Pelas quais ele nos tem dado grandíssimas e preciosas promessas, para que por elas fiqueis participantes da natureza divina, havendo escapado da corrupção, que pela concupiscência há no mundo.

5 E vós também, pondo nisto mesmo toda a diligência, acrescentai à vossa fé a virtude, e à virtude a ciência,

6 E à ciência a temperança, e à temperança a paciência, e à paciência a piedade,

7 E à piedade o amor fraternal, e ao amor fraternal a caridade.
8 Porque, se em vós houver e abundarem estas coisas, não vos deixarão ociosos nem estéreis no conhecimento de nosso Senhor Jesus Cristo.".

Tanto o que recebeu cinco, quanto o que recebeu dois talentos obtiveram algo das mãos do Senhor.

E o que aconteceu com o que recebeu um talento?

"24 Mas, chegando também o que recebera um talento, disse: Senhor, eu conhecia-te, que és um homem duro, que ceifas onde não semeaste e ajuntas onde não espalhaste;
25 E, atemorizado, escondi na terra o teu talento; aqui tens o que é teu. 26 Respondendo, porém, o seu senhor, disse-lhe: Mau e negligente servo; sabias que ceifo onde não semeei e ajunto onde não espalhei?
27 Devias então ter dado o meu dinheiro aos banqueiros e, quando eu viesse, receberia o meu com os juros.
28 Tirai-lhe pois o talento, e dai-o ao que tem os dez talentos.
29 Porque a qualquer que tiver será dado, e terá em abundância; mas ao que não tiver até o que tem ser-lhe-á tirado.
30 **Lançai, pois, o servo inútil nas trevas exteriores; ali haverá pranto e ranger de dentes.**". (Mt 25:24-30).

Lançai, pois, o servo inútil nas trevas.

Como retribuirei ao Senhor o que Ele tem feito a mim?

Você quer ARRISCAR?

Quem nunca arrisca, nunca vê a vitória, pois o espírito de engano tem tido êxito sobre a sua vida justamente porque você deixou de arriscar.

Então, vale a pena ARRISCAR.

Comunhão com Deus

Jeremias 29:11-13

"11 Eu é que sei que pensamentos tenho a vosso respeito, diz o SENHOR; pensamentos de paz e não de mal, para vos dar o fim que desejais.
12 Então, me invocareis, passareis a orar a mim, e eu vos ouvirei.
13 Buscar-me-eis e me achareis quando me buscardes de todo o vosso coração."
(Jr 29:11-13).

Qual a *primeira chave* para uma virada de vida?

1. Não aceite o sofrimento como um destino para a sua vida nesta terra

Você não foi destinado para o sofrimento.

Evite pensamentos como: "Ah, eu não nasci com sorte! Minha vida será, sempre, esse desastre", ou: "O meu nascimento foi uma fatalidade para os meus pais!", até mesmo: "As forças do mal não me deixarão ser bem-sucedido", ou então: "Esta é a minha direção, é o meu destino, eu tenho que segui-la mesmo que viva infeliz". Evite ser aquela pessoa que diz que a vida é assim mesmo, que, quando morrer, ela se livrará do "carma", indo dessa para melhor!

Amado, recuse-se em aceitar essas ideias que te oprimem. Deus predestinou-lhe para ser "cabeça" nesta terra.

Deuteronômio 28:13: "**SENHOR te porá por cabeça e não por cauda; e só estarás em cima e não debaixo, se obedeceres aos mandamentos do SENHOR, teu Deus, que hoje te ordeno, para os guardar e cumprir. Não te desviarás de todas as palavras que hoje te ordeno, nem para a direita nem para a esquerda, seguindo outros deuses, para os servires.**".

Não é para a esquerda, nem para a direita. Recuse-se a aceitar essas ideias mostradas anteriormente e creia que o seu Deus não quer que você acredite no eterno sofrimento. Há pessoas, porém, que acolhem esse pensamento. O seu Deus, o Senhor Jesus Cristo, Soberano Rei, o único que reina e está vivo, ressuscitou e não quer que você aceite essa ideia do eterno sofrimento. Você tem que reinar agora, em vida.

2 Coríntios 2:14: "**Graças, porém, a Deus, que, em Cristo, sempre nos conduz em triunfo e, por meio de nós, manifesta em todo lugar a fragrância do seu conhecimento.**".

Apocalipse 5:10: "**e para o nosso Deus os constituíste reino e sacerdotes; e reinarão sobre a terra.**".

Isso é para você e para mim!

O que significa "Reinar"?

Significa: governar como um rei; ter domínio, o comando, poder; influenciar; ter vigor; sobressair-se; resplandecer; tornar-se notável.

Reinar quer dizer que você não irá viver uma vida qualquer, e essa é a primeira chave.

Segunda chave para uma virada de vida:

2. Pare de pensar igual aos outros

Quantas vezes mudamos o rumo dos nossos pensamentos por causa dos outros!

Gálatas 5:7-10: "**Vós corríeis bem; quem vos impediu de continuardes a obedecer à verdade? Esta persuasão não vem daquele que vos chama. Um pouco de fermento leveda toda a massa. Confio de vós, no Senhor, que não alimentareis nenhum outro sentimento; mas aquele que vos perturba, seja ele quem for, sofrerá a condenação.**".

Deus não quer que você alimente outro pensamento, nem outro sentimento. Ele não quer que você pense igual aos outros.

Quantas vezes você mudou o rumo dos seus pensamentos por causa dos demais?

Se Abraão pensasse igual aos outros, ele jamais teria largado tudo e ido para longe, para uma terra desconhecida, e Noé jamais construiria uma arca para o dilúvio se ele tivesse dado ouvidos e permitido um pouco de fermento para mudar o rumo dos seus pensamentos.

Nós temos os pensamentos de Deus. Não adianta você achar que Fulano ou Beltrano vão entender aquilo que você pensa, porque, para o homem natural, aquilo que nós pensamos é loucura, mas, para nós, é o poder de Deus, pois sabemos em quem temos crido e que o nosso Deus não é homem para que minta, nem uma estátua de gesso. Ele é o Rei dos reis, Senhor de senhores, é tremendo! Portanto, protegei os vossos pensamentos e as vossas convicções de fé.

3. Acredite nos seus sonhos, mesmo que, para alguém, eles possam parecer ilusões

É só alguém sonhar alto que logo as pessoas começam a dizer: "Esse aí está fora da realidade"... "Esse aí vive de ilusão". O sonhador toma, sem demora, um "banho de água fria".

Eu estava meditando nisso e o Senhor levou-me a José em **Gênesis 37:8**: "**Então, lhe disseram seus irmãos: Reinarás, com efeito, sobre nós? E sobre nós dominarás realmente? E com isso tanto mais o odiavam, por causa dos seus sonhos e de suas palavras.**".

Algumas pessoas ficam com raiva das nossas palavras e dos nossos sonhos porque elas não são capazes de sonhar. Dizem que esses são uma ilusão.

José contou o seu sonho aos seus irmãos, e estes disseram justamente isso, que ele estava vivendo de ilusão: "Você vai reinar sobre nós?". **"De longe o viram e, antes que chegasse, conspiraram contra ele para o matar."** (Gn 37:18).

Muitas pessoas querem matar os nossos sonhos, mas nós não podemos deixar! O seu sonho é o seu sonho e ponto final!

"E dizia um ao outro: Vem lá o tal sonhador!" (Gn 37:19)

Sabe porque? Porque a fé, para a maioria, pode parecer ilusão, estupidez, loucura, e sabe porque? Porque ninguém está vendo nada.

Mas, hoje, aquilo que ninguém está vendo, porque você crê, vai acontecer!

Foi assim com José. **"Ora, a fé é a certeza de coisas que se esperam, a convicção de fatos que se não vêem."** (Hb 11:1). A fé gera, em nós, uma certeza tão grande, uma convicção que as pessoas que dizem "Ele é estúpido. Está iludido. Olha lá o tal sonhador" não compreendem.

"Pela fé, entendemos que foi o universo formado pela palavra de Deus, de maneira que o visível veio a existir das coisas que não aparecem." (Hb 11:3). Olha aí o segredo. As coisas só vão aparecer por causa da sua fé. O invisível se torna visível quando se tem fé, e foi assim com José. Ele sonhou e acreditou, teve a certeza e a convicção, creu em um sonho que, para os seus irmãos, era ilusório.

Então não deixe que destruam os seus sonhos!

4. Faça um voto de fidelidade a Deus mesmo que tudo esteja contrário a você

A nossa salvação foi uma escolha divina, mas honrar Deus é uma escolha pessoal.

2 Timóteo 2:12 diz: **"se perseveramos, também com ele reinaremos; se o negamos, ele, por sua vez, nos negará;"**. Novamente: a salvação foi uma escolha divina, mas honrar Deus é uma escolha pessoal. Se você persevera, honra-O, mas se você O nega, Ele também nega você.

Lucas 16:10: "**Quem é fiel no pouco também é fiel no muito; e quem é injusto no pouco também é injusto no muito.**", e Deus sabe disso!

Sem fidelidade, as coisas continuarão a dar errado.

Você quer ter uma virada de vida? Faça, hoje, um voto com Deus. Não jogue fora o que eu estou lhe falando, pois é o Espírito Santo que está lhe dizendo. **Faça, hoje, um voto com Deus**. Somos infiéis, mas Ele permanece fiel, pois isso faz parte da natureza de Deus. E quem O honra será honrado por Ele.

Eclesiastes 5:4: "**Quando a Deus fizeres algum voto, não tardes em cumpri-lo; porque não se agrada de tolos. Cumpre o voto que fazes. Melhor é que não votes do que votes e não cumpras.**".

Nós temos que ter responsabilidade diante de Deus. Eu aprendi isso. Com as coisas de Deus não se brinca.
Cumpra o voto que você fizer!

Quer uma virada de vida? Faça, hoje, um voto de fidelidade com o Senhor.

5. Não tenha medo das mudanças, elas só renovam e inspiram você ainda mais

Esteja aberto a novas propostas, novas ideias, novos trabalhos, a uma nova profissão. Você que quer reconstruir uma família? Esteja aberto para um novo casamento, um novo relacionamento. Não se feche para as coisas da vida. Não tenha receio de arriscar, mesmo que seja em algo totalmente desconhecido. Se você quer ter uma virada, não tenha medo das mudanças. Se a sua rotina está chata, mude-a, você tem esse poder.

Você não pode ter medo, tem que tentar, que arriscar.

Jeremias 1:4-5: "**A mim me veio, pois, a palavra do SENHOR, dizendo: Antes que eu te formasse no ventre materno, eu te conheci, e, antes que saísses da madre, te consagrei, e te constituí profeta às nações.**".

Cada vez que temos algo novo na nossa frente, a tendência é depararmo-nos com isso. Não! Não dá para se sentir 100% preparado. Eu, por exemplo, nunca me senti 100% pronto. Mas Deus nos prepara, e a nossa suficiência vem do Senhor.

"**Então, lhe disse eu: ah! SENHOR Deus! Eis que não sei falar, porque não passo de uma criança. Mas o SENHOR me disse: Não digas: Não passo de** uma criança; porque a todos a quem eu te enviar irás; e tudo quanto eu te mandar falarás. Não temas diante deles, porque eu sou contigo para te livrar, diz o SENHOR." (Jr 1:6-8).

Não tema as mudanças, os desafios, as coisas novas. Tudo isso virá para lhe renovar e inspirar-lhe ainda mais.

"**Depois, estendeu o SENHOR a mão, tocou-me na boca e o SENHOR me disse: Eis que ponho na tua boca as minhas palavras. Olha que hoje te constituo sobre as nações e sobre os reinos, para arrancares e derribares, para destruíres e arruinares e também para edificares e para plantares.**" (Jr 1:9-10).

Quantas coisas você vai fazer porque Deus vai te capacitar.

Sua vida está dando uma virada hoje. Naquilo em que você não se sentia preparado, Deus já te capacitou.

Ninguém se sente 100% preparado para nada, mas Deus capacita-nos para tudo. Com Cristo, somos mais do que vencedores e, Naquele que nos fortalece, podemos todas as coisas.

6. Elimine da sua vida aquilo que consome a sua energia

Se esgota as suas energias com problemas, situações, pessoas, você perde o seu vigor para perseguir os seus objetivos de vida. Elimine os compromissos e problemas que estão roubando as suas forças, e isso vai garantir o seu bem-estar físico e emocional. Você precisa, hoje, atacar as causas do seu atual desgaste. Quando vê um gigante, você não pode ficar olhando-o com medo, você tem que atacá-lo. Golias intimidava o povo de Deus, e Davi disse: "Eu vou atacar este gigante!". Você, assim como Davi, precisa atacar as causas do seu atual desgaste para estar bem física e emocionalmente. É um problema financeiro? Ataque-o; Em casa? Ataque-o. Resolva isso de uma só vez, amado.

Você tem que prosseguir para conquistar e não pode deixar que pequenas situações embaracem o seu caminho, nem permitir que pessoa ou coisas desgastem o seu emocional. "**Irmãos, quanto a mim, não julgo havê-lo alcançado; mas** uma coisa faço: esquecendo-me das coisas que para trás ficam e avançando para as que diante de mim estão," (Fp 3:13).

Há coisas diante de você, mas, talvez, não tenha conseguido ver por causa dessas situações que têm lhe desgastado, nem prosseguido para o alvo, estando sem energia para novas realizações."**prossigo para o alvo, para o prêmio da soberana vocação de Deus em Cristo Jesus.**" (Fp 3:14).

7. Seja eternamente grato

A ingratidão dói. A ingratidão machuca. A ingratidão fere. A ingratidão decepciona. A ingratidão gera ira. A ingratidão entristece qualquer um: os homens e, principalmente, Deus. A ingratidão dói.

Ela é inaceitável. **Lucas 17:12-16**: "**Ao entrar numa aldeia, saíram-lhe ao encontro dez leprosos, que ficaram de longe e lhe gritaram, dizendo: Jesus, Mestre, compadece-te de nós! Ao vê-los, disse-lhes Jesus: Ide e mostrai-vos aos sacerdotes. Aconteceu que, indo eles, foram purificados. Um dos dez, vendo que fora curado, voltou, dando glória a Deus em alta voz, e prostrou-se com o rosto em terra aos pés de Jesus, agradecendo-lhe; e este era samaritano.**", este era da Cristo Vive.

Lucas 17:17-18: "**Então, Jesus lhe perguntou: Não eram dez os que foram curados? Onde estão os nove? Não houve, porventura, quem voltasse para dar glória a Deus, senão este estrangeiro?**".

Deus não dá uma virada na vida de quem não é grato, porque Ele sabe que essa pessoa, assim que ter uma, vai dar um monte de desculpas para não ir à Igreja.

Irmão, seja uma pessoa extremamente grata e agradeça com sinceridade, caso o contrário, Ele vai fazer igual fez aos outros nove que não voltaram para dar glórias a Deus.

Às vezes uma pessoa está esperando algo grande, Deus a abençoa, o dinheiro que ela não esperava vem e ela não é capaz de pegar o dízimo e dá-lo para Deus. Essa pessoa é como os outros nove, e aquilo decepcionou Jesus, que disse: "Cadê?".

Conhecendo a vontade de Deus

Salmos 25

Nada é tão fascinante para o cristão como experimentar o que é a nova vida com Cristo.

O texto de Salmos 25 é uma oração em que o salmista busca a vontade do Senhor.

1. COMO É A VONTADE DE DEUS?

a. ela é boa, agradável e perfeita (ver: Rm 12:2);

b. ela nos constrange.

Hb 10:9: "Então disse: Eis aqui venho, para fazer, ó Deus, a tua vontade. Tira o primeiro, para estabelecer o segundo.".

2. O QUE ACONTECE QUANDO FAZEMOS A VONTADE DE DEUS?

a - as orações são respondidas

I Jo 5:14: "E esta é a confiança que temos nele, que, se pedirmos alguma coisa, segundo a sua vontade, ele nos ouve.".

b- somos bem-sucedidos

Sl 1:1-3: "1 BEM-AVENTURADO o homem que não anda segundo o conselho dos ímpios, nem se detém no caminho dos pecadores, nem se assenta na roda dos escarnecedores. 2 Antes tem o seu prazer na lei do SENHOR, e na sua lei medita de dia e de noite. 3 Pois será como a árvore plantada junto a ribeiros de águas, a qual dá o seu fruto no seu tempo; as suas folhas não cairão, e tudo quanto fizer prosperará.".

c- Deus abençoa-nos de muitas maneiras

Dt 28:1-14: "1 E SERÁ que, se ouvires a voz do SENHOR teu Deus, tendo cuidado de guardar todos os seus mandamentos que eu hoje te ordeno, o SENHOR teu Deus te exaltará sobre todas as nações da terra.
2 E todas estas bênçãos virão sobre ti e te alcançarão, quando ouvires a voz do SENHOR teu Deus;
3 Bendito serás na cidade, e bendito serás no campo.
4 Bendito o fruto do teu ventre, e o fruto da tua terra, e o fruto dos teus animais; e as crias das tuas vacas e das tuas ovelhas.
5 Bendito o teu cesto e a tua amassadeira.
6 Bendito serás ao entrares, e bendito serás ao saíres.
7 O SENHOR entregará, feridos diante de ti, os teus inimigos, que se levantarem contra ti; por um caminho sairão contra ti, mas por sete caminhos fugirão da tua presença.
8 O SENHOR mandará que a bênção esteja contigo nos teus celeiros, e em tudo o que puseres a tua mão; e te abençoará na terra que te der o SENHOR teu Deus.
9 O SENHOR te confirmará para si como povo santo, como te tem jurado, quando guardares os mandamentos do SENHOR teu Deus, e andares nos seus caminhos.
10 E todos os povos da terra verão que é invocado sobre ti o nome do SENHOR, e terão temor de ti.
11 E o SENHOR te dará abundância de bens no fruto do teu ventre, e no fruto dos teus animais, e no fruto do teu solo, sobre a terra que o SENHOR jurou a teus pais te dar.
12 O SENHOR te abrirá o seu bom tesouro, o céu, para dar chuva à tua terra no seu tempo, e para abençoar toda a obra das tuas mãos; e emprestarás a muitas nações, porém tu não tomarás emprestado.
13 E o SENHOR te porá por cabeça, e não por cauda; e só estarás em cima, e não debaixo, se obedeceres aos mandamentos do SENHOR teu Deus, que hoje te ordeno, para os guardar e cumprir.
14 E não te desviarás de todas as palavras que hoje te ordeno, nem para a direita nem para a esquerda, andando após outros deuses, para os servires.".

3. COMO CONHECER A VONTADE DE DEUS?

No casamento, na vocação, nos negócios... Quando temos que tomar decisões? Vamos ver alguns passos:

a- entrega;

Sl 37:4: "Deleita-te também no SENHOR, e te concederá os desejos do teu coração.".

b- oração (Gn 24:12-14);

c- paz;

Cl 3:15: "E a paz de Deus, para a qual também fostes chamados em um corpo, domine em vossos corações; e sede agradecidos.".

d- intimidade com Deus;

Pv 3:32: "Porque o perverso é abominável ao SENHOR, mas com os sinceros ele tem intimidade.".

e- fiquem atentos aos sinais que acontecem à medida que as coisas sucedem (I Sm 1-7);

f- permaneça na dependência total do Espírito Santo (Jo 14:26).

Não se conhece a vontade de Deus na força da nossa inteligência humana (ver: I Co 11-14).

Que possamos conhecer qual é a vontade de Deus para a nossa vida.

Conte com Deus

Certa vez, há muito tempo atrás, o Senhor Deus perguntou a um servo chamado Moisés: "[...] *QUE É ISSO QUE TENS NA MÃO ? Respondeu-lhe : UMA VARA.*" (Êx 4:2).

É claro que muitas coisas Deus tem dado em nossas mãos, mas uma delas o ser humano tem esquecido de dar ao Senhor: o AGRADECIMENTO.

Alfredo, você fez 60 anos, isso significa que já viveu, sobre a face da terra, 21.900 dias e que o seu coração bate, a cada 60 min., 4.400 vezes; a cada 24 horas, 106.560 vezes; e a cada ano, 38.894.400 vezes.

O seu corpo, que tem, mais ou menos, cinco litros de sangue, também precisa de um combustível. Isso, durante 24 horas, dá, mais ou menos, 120 litros bombeados; durante um ano, 43.800 litros; e em 60 anos, 2.628.000.

Alfredo, em Dt 33:26-29 nos é dito o seguinte:

"26 Não há outro, ó amado, semelhante a Deus! que cavalga sobre os céus para a tua ajuda, e com a sua alteza sobre as nuvens.

27 O Deus eterno é atua habitação, e pôr baixo de ti estende os braços eternos: ele expulsou o inimigo de diante de ti, e disse: Destróio.

28 Israel, pois, habitará seguro a fonte de Jacó habitará a sós, numa terra de grão e de vinho; e os céus destilarão orvalho.

29 Feliz és tu, ó Israel! Quem é como tu? povo salvo pelo Senhor, escudo que te socorre, espada que te dá alteza. Assim os teus inimigos te serão sujeitos, e tu pisarás sobre os seus altos.".

Alfredo, gostaria de deixar, nesses seus 60 anos, algumas coisas muito importantes para você:

1. ELE É A NOSSA HABITAÇÃO

- habitação significa o lugar que escolhi para eu morar, pode, por exemplo, ser a minha casa, na qual me sinto seguro e gasto a maior parte do meu tempo. Na verdade, só há segurança na presença do Senhor.

- Deus quer ser o escolhido do seu coração, a presença na qual o seu coração descansa e se alegra. Haveria, porventura, lugar mais belo, mais confortável e mais agradável para nós morarmos?

2. ELE É O NOSSO AMPARO

A expressão "Pôr baixo de nós, ele estende os seus braços" dá a entende a imagem de uma pessoa sustentando outra semi desmaiada.

É assim que o Senhor nos faz e fez em sua vida, Alfredo, sustentando você em Seus braços. Quando você quase esteve a desmaiar, pode sentir a mão e o braço do seu Senhor te sustentando.

3. ELE É A NOSSA VITÓRIA

Esse texto deixa bem claro que é Deus quem peleja pôr seu povo. Ele expulsou o inimigo de nós e ainda nos disse: DESTRUA-O. E você sabe de que inimigo, estou falando.

Ele é, portanto, a sua vitória, a nossa vitória.

Mas há, também, outros inimigos dentro de nós, sobre os quais Deus quer que exerçamos autoridade: medo, ansiedade, preocupação, insegurança, ressentimento, mágoa, solidão, desânimo, sentimento de derrota, culpa, fome, violência, tentações, vícios e outros mais.

4. ELE É A NOSSA SEGURANÇA

Todo ser humano tem sede de segurança, a busca por esta, tanto emocional, econômica, física, familiar, como espiritual, tem tornado-se quase uma obsessão em nossos dias. Mas devemos lembrar que todas as coisas contribuem para o bem daqueles que são chamados por Deus.

Sejam boas, sejam más, as coisas contribuem para o bem do amado do Senhor, e você sabe disso.

5. ELE É A NOSSA FELICIDADE

Todo homem foi criado para glorificar e adorar a Deus. Só no Senhor ele encontrará a realização de sua vida.

O homem que encontra a INTIMIDADE COM DEUS, acha um tesouro que ninguém poderá roubar, encontra a razão de sua existência e um amor que excede qualquer coisa que possamos experimentar aqui na terra.

A felicidade nos pertence.

Falta-lhe alegria no coração? Quantos indivíduos encontramos externamente felizes e alegres, mas, internamente, infelizes. Talvez muitos deles tenham colocado os olhos no lugar errado.

A alegria de Deus permanece mesmo nos momentos mais tristes. Podemos chorar de dor, de tristeza, mas a alegria da vida eterna com Jesus é algo que só Deus pode lhe dar.

Alfredo, o Senhor, seu Deus, pergunta-lhe: QUE É QUE TENS EM SUA MÃO?

Ações de graças.

Coraçao íntegro e alma voluntária
I Crônicas 28:9-10

"8 Agora, pois, perante os olhos de todo o Israel, a congregação do SENHOR, e perante os ouvidos de nosso Deus, guardai e buscai todos os mandamentos do SENHOR vosso Deus, para que possuais esta boa terra, e a façais herdar a vossos filhos depois de vós, para sempre.

9 E tu, meu filho Salomão, conhece o Deus de teu pai, e serve-o com um coração perfeito e com uma alma voluntária; porque esquadrinha o SENHOR todos os corações, e entende todas as imaginações dos pensamentos; se o buscares, será achado de ti; porém, se o deixares, rejeitar-te-á para sempre.

10 Olha, pois, agora, porque o SENHOR te escolheu para edificares uma casa para o santuário; esforça-te, e faze a obra." (I Cr 28:9-10).

O rei Davi foi um homem de guerra (v. 3) e era esforçado na obra do Senhor, sendo, como Moisés, fiel a Deus até o fim (ver: Dt 31:33 e Js; Hb10:25).

Havia uma grande obra para ser feita: a construção do templo.

Davi não poderia construí-lo por vários fatores, entre eles:

- era velho demais (I Cr 23:1);
- suas mãos estavam sujas pois tinha derramado sangue em demasia (II Sm 8:2).

Entretanto Deus apontou-lhe um sucessor: seu filho Salomão (nome que, no hebraico, significa PACÍFICO, SERENO). Curiosamente, o Senhor chamou-lhe de Jedidias, que reconhecemos ser uma forma carinhosa de tratamento e significa AMADO DE JEOVÁ (II Cr 12:25).

O que aconteceu a partir daí inclui uma série de conselhos que o sábio e experiente pai deu ao seu filho. Vejamos alguns deles:

1. TU, MEU FILHO SALOMAO,

a- conhece o Deus de teu pai;

- conhecemos a Deus primeiro pela experiência do novo nascimento, pois, assim, podemos ter a verdadeira comunhão com Ele (Jo 17:3);
- depois, pelo estudo contínuo de sua PALAVRA. Os 6:3: "Então conheçamos, e prossigamos em conhecer ao SENHOR";
- por meio dela, podemos conhecer o método de Deus;

- o Senhor se deixa CONHECER quando ouve as nossas orações. Note que as experiências de Davi não serviam para Salomão;
- não podemos servir a Deus baseados somente no OUVIR FALAR, como Raabe (Js 1:10-12).

b- sirva-o com coração íntegro e alma voluntária:

- coração íntegro aparece traduzido em outras versões como: CORAÇÃO PERFEITO; DE TODO O CORAÇÃO; CORAÇÃO LIMPO, mas o termo também pode representar: PERFEITO.
- Os 6:3: "Então conheçamos, e prossigamos em conhecer ao SENHOR";
- servir a Deus com todo empenho, com PROPÓSITOS saudáveis e éticos, sem disputas tolas ou partidarismo (I Co 3:3-4), servir com o coração puro, incontaminado e sem relaxamento. Deus não aceita sacrifício defeituoso. Ex.: Nadabe e Abiu, filhos de Eli, que apresentaram fogo estranho no altar de Davi (Lv 10:1-2); Hofni e Fineias, filhos de Eli, que ministravam ao Senhor bêbados (I Sm 4:11) e não foram obedientes à Palavra de Deus (I Rs 8:6).
- Davi reconhecia que Deus "prova os corações e que da sinceridade te agradas" (I Cr 29:17);
- a alma voluntária, na tradução espanhola, é ÂNIMO VOLUNTÁRIO e, em outras traduções, ÂNIMO DISPOSTO, DE LIVRE E ESPONTÂNEA VONTADE, BOA VONTADE DE ALMA;
- isso significa servir a Deus com a mente bem disposta, com alegria, disposição e espontaneidade. Temos a visão de alguém que não recua, não volta atrás no propósito de Deus.

2. SE O BUSCARES

"Buscarme-eis, e me achareis, quando me buscardes de todo o coração" (Jr 29:13).

- A obra de Deus é perfeita e é sempre realizada em parceria: Deus e nós.

FALIDO POR PERMISSÃO DIVINA, RESTAURADO PELO PODER DE DEUS

1. O diabo apresenta-se a Deus e questiona a respeito da vida de Jó (pede para tirar os bens materiais deste) (Jó 1:6).
2. No momento da tragédia na vida de Jó, entram em cena os mensageiros e os seus nomes:
    a. Destruição (Jó 1:13);
    b. Devorador;
    c. Morte;
    d. Cortador.
3. Os amigos de Jó ingressaram na história para fazer o seu papel:
    a. Elifaz, o acusador;
    b. Bildade, a desconfiança;
    c. Zofar, a miséria.
4. Os sete dias de silêncio na vida de Jó:

    1 dia – silêncio de tristeza;

    2 dia – silencio de dor;

    3 dia – silêncio de angústia;

    4 dia – silêncio da tribulação;

    5 dia – silêncio da agonia;

    6 dia – silêncio da perturbação;

    7 dia – silêncio de sofrimento.

Satanás sempre questiona Deus a respeito das nossa vidas.

O Senhor começou a trabalhar em favor de Jó e o cativeiro deste foi virado.

Dependemos Dele para ter PODER, UNÇÃO e SABEDORIA, e Ele precisa de pessoas determinadas como Josué e Calebe, que conquistaram Canaã. O Senhor disse para Josué ser FORTE e CORAJOSO.

De publicano a apóstolo

Marcos 2:13-17

"13 Outra vez saiu Jesus para a beira do mar; e toda a multidão ia ter com ele, e ele os ensinava.
14 Quando ia passando, viu a Levi, filho de Alfeu, sentado na coletoria, e disse-lhe: Segue-me. E ele, levantando-se, o seguiu.
15 Ora, estando Jesus à mesa em casa de Levi, estavam também ali reclinados com ele e seus discípulos muitos publicanos e pecadores; pois eram em grande número e o seguiam.
16 Vendo os escribas dos fariseus que comia com os publicanos e pecadores, perguntavam aos discípulos: Por que é que ele come com os publicanos e pecadores?
17 Jesus, porém, ouvindo isso, disse-lhes: Não necessitam de médico os sãos, mas sim os enfermos; eu não vim chamar justos, mas pecadores." (Mc 2:13-17).

Levi, como seu nome já diz, era de descendência sacerdotal, da casa de Arão. Porém era dominado pelo dinheiro.

Os judeus consideravam-no publicano, como traidor e pecador.

1. UM GRANDE CHAMADO DIVINO

Ele foi dirigido a um apóstata; um homem que trabalhou para os inimigos romanos.

2. ONDE LEVI RECEBEU O CHAMADO

a. na coletoria, cobrando impostos;
b. durante o seu serviço.

3. COMO RECEBEU O CHAMADO

a. foi totalmente inesperado;

b. quando o senhor passou (não foi durante uma pregação).

4. FOI CONVIDADO PARA

   a. desisitir de seu negócio rendoso;
   b. seguir ao desprezado nazareno.

5. COMO LEVI AVALIOU O CHAMADO

   a. deixou tudo;
   b. seguiu imediatamente, como Abraão.

6. O QUE SE SEGUIU A ESSE CHAMADO DIVINO

   a. uma vida completamente nova;
   b. um novo serviço: pescador de almas;
   c. um novo ministério como apóstolo;

   A ele agradecemos.

Debaixo das asas de Deus

Is 40:27-31: "27 Por que dizes, ó Jacó, e tu falas, ó Israel: O meu caminho está encoberto ao SENHOR, e o meu juízo passa despercebido ao meu Deus?
28 Não sabes, não ouviste que o eterno Deus, o SENHOR, o Criador dos fins da terra, nem se cansa nem se fatiga? É inescrutável o seu entendimento.
29 Dá força ao cansado, e multiplica as forças ao que não tem nenhum vigor.
30 Os jovens se cansarão e se fatigarão, e os moços certamente cairão;

31 Mas os que esperam no SENHOR renovarão as forças, subirão com asas como águias; correrão, e não se cansarão; caminharão, e não se fatigarão.".

Irmãos, esses dias que passamos nesse retiro foram dias de refrigério para a nossa alma.

Fomos para lá com o propósito de dormir e retirar-se de todos e do mundo. Eu estava disposto a me enclausurar em meu quarto e sair apenas para comer.

Os estudos eram das 7h30 às 22h00 todos os dias.

Eu poderia dizer como o ver: "27 Por que dizes, ó Jacó, e tu falas, ó Israel: O meu caminho está encoberto ao SENHOR, e o meu juízo passa despercebido ao meu Deus?" (Is 40:27).

Foram dias de tratamento e restauração debaixo das asas do Senhor.

A HISTÓRIA DA ÁGUIA:

A águia é reconhecida como o rei dos céus, a rainha das aves, e ela está em uma posição de destaque entre os da sua espécie.

Há várias posições sobre o tempo de vida de uma águia. Alguns dizem que ela vive 70 anos, outros, 120 anos.

Seu porte é muito elegante e impõe poder.

Quando voa, ela abre as suas asas de quase dois metros de comprimento. Cada uma delas possúi 1.500 penas, e, em seu peito, suas penas são suaves e macias.

Há uma grande diferença entre a água e as outras aves:

    a. **O canário,** lindo em seu canto, muito pequeno em sua gaiola, que é o seu mundinho, canta, canta e canta... coitado, ele ainda não percebeu que está preso.

    b. **A arara,** muito bonita com suas cores, fala, fala muito, tem um tom de voz grossa, mas imita tudo o que lhe ensinam.

    c. **O urubu,** ave que se encontra a espera de comida em cima de postes de telefone, quando a encontra, joga-se sobre ela. Mas que ave suja, sempre anda à procura de sujeira.

A águia é bela, esplendorosa .

1. **Quando a tempestade**, as tormentas chegam, ela não foge, mas permanece, enquanto os outros pássaros fogem.

   Ela enfrenta a tempestade, aproveita-se das camadas de ar quente e sobe às alturas. Sobe, sobe, sobe e fica além da tempestade, protegida do perigo.

   Enquanto os outros fogem, ela permanece.

2. **O acasalamento** é muito interessante: quando encontra um parceiro, a águia vive com ele a vida inteira e não se separa até a morte. Mas, antes disso, ela faz um teste com o pretendente: pega um graveto e leva às alturas, soltando-o. O macho tem que pegá-lo. Depois, mais uma vez, a fêmea pega outro objeto, agora uma pedra, sobe a uma altura ainda maior e o solta. Novamente, o parceiro precisa pegar e em nenhum momento deixar a pedra cair no chão.

3. **Quando os filhotes chegam**, essa ave prepara o ninho, que pode chegar a 700 kl, com as penas de seu peito para que ele fique todo protegido e confortável para os seus filhotes.Tanto o macho, quanto a fêmea trazem, todos os dias, comida no bico e dão aos filhos lá no alto das montanhas.

   Quando seus filhotes pegam um tamanho proximado, é hora de voar. Eles, porém, acham que as suas vidas serão ali, protegidos, quentinhos, amados, confortados naquelas penas quentes quando os temporais chegam e as tormentas vêm, cobertos com as asas longas e compridas de suas mães, as quais lhes protegem das rajadas de vento. Mas, é chegada a hora de voar, e a águia começa, então, a empurrar os seus filhotes para baixo.

   Ela os pega com as suas garras e leva-os para cima, nas alturas, deixando-os cair. Então, os filhotes caem, caem, caem. A partir desse momento, é a hora do pai agir. Ele está acima da fêmea, só observando enquanto os filhos estão caindo. Antes de estes baterem no chão, ele os pega com suas asas e leva-os novamente para o seu ninho, e isso pode acontecer várias vezes até que os filhotes aprendem a voar.

4. **Quando elas estão cansadas e doentes**, sobem lá no alto das montanhas e ficam olhando par o sol até ficarem saradas.

5. **Quando chegam na metade da sua vida**, é hora de se refazer. As águias procuram, no meio das matas, um local para morrer. Ali, elas ficam e desistem de tudo e de todo o bando, à mercê dos outros animais e das espingardas dos homens.

   Mas, de repente, as outras aves sobrevoam o seu ninho e gritam para animá-la. Se o companheiro sobrevoa o local e lhe joga bocados de comida, pedacinhos a todo o momento, e o bando reveza-se entre as aves, a águia nunca ficará sozinha. Então, suas penas se refazem, seu ânimo vem, e ela volta a voar com seu marido até o fim de sua vida.

6. **Mas quando chega a morte**, ela sobe no alto da mais alta montanha para morrer e, em vez de olhar para o sol, estende as suas asas sobre o seu corpo, abraça-se e inclina a cabeça para baixo, esperando a morte chegar. "29 Dá força ao cansado, e multiplica as forças ao que não tem nenhum vigor.
30 Os jovens se cansarão e se fatigarão, e os moços certamente cairão;
31 Mas os que esperam no SENHOR renovarão as forças, subirão com asas como águias; correrão, e não se cansarão; caminharão, e não se fatigarão." (Is 40:29-31).

   Irmãos, como eu sou falho, como nós somos falhos e pecadores.

   Maldito o homem que sou, só pela misericórdia de Deus em nossa vida.

Débora, uma heroína em Israel

Juízes 4 e 5.

Encontramos uma lista de inimigos que, nos tempos dos juízes, invadiram a terra dos israelitas e dos libertadores:

- o rei da Mesopotâmia (Jz 3:8);

- os moabitas (Jz 3:12);

- os cananitas (Jz 4:2);

- os midianitas (Jz 6:1);

- os amonitas (Jz 10:7);

- os filisteus (Jz 13:1).

O período histórico dos juízes deve ser de 400 anos, e o entre o êxodo e a construção do templo é dado como sendo de 480 anos.

Jabim, rei de Canaã, reinava em Hazor. Josué matou outro rei com o mesmo nome (Jz 11:1) e incendiou a cidade, destruindo tudo.

Evidentemente o inimigo derrotado tinha recuperado o poder, reedificando a cidade, agora, liderada por um rei homônimo, oprimindo Israel por 20 anos.

Débora, a profetisa, manda a Baraque uma mensagem do Senhor, a qual o filho de Abinoão receia executar sem que ela o acompanhe:

"6 Mandou ela chamar a Baraque, filho de Abinoão, de Quedes-Naftali, e disse-lhe: Porventura o Senhor Deus de Israel não te ordena, dizendo: Vai, e atrai gente ao monte Tabor, e toma contigo dez mil homens dos filhos de Naftali e dos filhos de Zebulom; 7 e atrairei a ti, para o ribeiro de Quisom, Sísera, chefe do exército de Jabim; juntamente com os seus carros e com as suas tropas, e to entregarei na mão?
8 Disse-lhe Baraque: Se fores comigo, irei; porém se não fores, não irei.
9 Respondeu ela: Certamente irei contigo; porém não será tua a honra desta expedição, pois à mão de uma mulher o Senhor venderá a Sísera. Levantou-se, pois, Débora, e foi com Baraque a Quedes." (Jz 4:6-9).

1. SEU CARÁTER

a. Débora era uma mulher consagrada a Deus,

b. era uma profetisa;

"4 Ora, Débora, profetisa, mulher de Lapidote, julgava a Israel naquele tempo.

5 Ela se assentava debaixo da palmeira de Débora, entre Ramá e Betel, na região montanhosa de Efraim; e os filhos de Israel subiam a ter com ela para julgamento." (Jz 4:4-5).

c. era juíza, do mesmo modo como Deus dava juízes a Israel em tempos difíceis;

"8 Se alguma causa te for difícil demais em juizo, entre sangue e sangue, entre demanda e demanda, entre ferida e ferida, tornando-se motivo de controvérsia nas tuas portas, então te levantarás e subirás ao lugar que o Senhor teu Deus escolher;
9 virás aos levitas sacerdotes, e ao juiz que houver nesses dias, e inquirirás; e eles te anunciarão a sentença da juízo." (Dt 17:8-9).

d. tinha uma fé plena e vivia em comunhão com Deus (Jz 4:6);

e. era muito modesta, abnegada, e, como mulher, é considerada a parte mais fágil (I Pe 3:7). Porém ela possuía grande coragem.

2. O TEMPO DIFÍCIL NO QUAL ELA VIVEU

Era uma época de:

a. idolatria aberta, e há algumas diferenças em relação aos dias de hoje;

b. castigo divino sobre Israel;

"2 E o Senhor os vendeu na mão de Jabim, rei de Canaã, que reinava em Hazor; o chefe do seu exército era Sísera, o qual habitava em Harosete dos Gentios." (Jz 4:2).

c. grande sofrimento e tribulação.

"3 Então os filhos de Israel clamaram ao Senhor, porquanto Jabim tinha novecentos carros de ferro, e por vinte anos oprimia cruelmente os filhos de Israel." (Jz 4:3).

3. O REFÚGIO SEGURO DE DÉBORA

a. para ela, era o Deus de Israel (Jz 4:3);

b. ela confiava nas promessas e ordens de Deus (Jz 4:6).

4. A GRANDE VITÓRIA DE DÉBORA

a. Ela deu toda a glória e honra a Deus (ler Jz: 5 – Débora compôs esse belo cântico para glorificar o Senhor).

O LOUVOR DE DEUS NO MUNDO.

Deixe Deus fazer

Salmos 30:11-12

"11 Tornaste o meu pranto em folguedo; desataste o meu pano de saco, e me cingiste de alegria,
12 Para que a minha glória a ti cante louvores, e não se cale.
SENHOR, meu Deus, eu te louvarei para sempre." (Sl 30:11-12).

A palavra FOLGUEDO significa: DIVERTIMENTO, RECREIO, BRINCADEIRAS DE CRIANÇA.

Davi, aqui, exulta a Deus e adora-O pelo livramento.

A expressão **DA COVA FIZESTE SUBIR A MINHA ALMA** é bem precisa aqui. Emprega-se ela a respeito de puxar um balde do fundo do poço.

AQUELA COVA ERA PROFUNDA TAL COMO um poço, uma ansiedade, um sentimento profundo de tristeza e agonia.

"**PORQUE NÃO PASSA DE UM MOMENTO A SUA IRA, E SEU FAVOR DURA A VIDA INTEIRA. Ao anoitecer pode vir o choro, mas a alegria vem pela manhã.**" (Sl 30:5).

A palavra de Deus diz-nos que não passa de um momento essas coisas que o nosso coração está sentindo. Estas, em nossas vidas, apenas são por um momento, **porque o favor do Senhor dura a vida inteira** (v. 5).

Precisamos entender e ter em mente que somos totalmente dependentes da graça de Deus.

A) RECORDAR AS MISERICÓRDIAS PASSADAS

Sl 30:1-3: "1 EXALTAR-TE-EI, ó SENHOR, porque tu me exaltaste; e não fizeste com que meus inimigos se alegrassem sobre mim. 2 SENHOR meu Deus, clamei a ti, e tu me saraste. 3 SENHOR, fizeste subir a minha alma da sepultura; conservaste-me a vida para que não descesse ao abismo.".

Dar graças porque temos vida e saúde suficientes para louvar a Deus.

B) REUNIR OS SALVOS PARA CANTAR

Sl 30:4: "4 Cantai ao SENHOR, vós que sois seus santos, e celebrai a memória da sua santidade.".

Agradecer ao Senhor ao recordar as bondades Dele.

Cantar como o hino 314: "*Que consolação tem meu coração. Descansando no poder de Deus. Descansando nos eternos braços do meu Deus. Vou seguro. Descansando no poer de Deus*";

o 310: "*Em teus braços eu me escondo. Onde sempre quero estar. Ao teu lado protegido, eu desejo caminhar. Inimigos me perseguem, Eu sucumbo,ó salvador. Muito aflito, te suplico. Auixilia-me Senhor. Em teus braços eu me escondo, onde sempre quero estar. Ao teu lado protegido eu desejo caminhar.*";

e o 350: "*Quero o salvador comigo, So com ele eu posso andar. Quero conhecê-lo perto. No seu braço descansar. Confiado no Senhor. Consolado em seu amor. Seguirei no meu caminho. Sem tristeza E sem temor.*"

Por isso o salmista diz: Senhor, meu Deus, clamei a Ti por socorro, e Tu me saraste, da cova fizeste subir a minha alma. Salmodiai ao Senhor, vós que sois seus santos, e dai graças ao Seu santo nome.

Meu amigo, meus irmãos, Deus opera maravilhas (Sl 77:14) e faz coisas grandiosas (Jr 33:3):

1. ELE TRANSFORMA PRANTO EM FOLGUEDOS

- lágrimas em sorrisos;
- trevas em luz;
- tristeza em alegria.

Jesus mudou o ambiente da casa de Jairo, da de Maria e Marta e da de Zaqueu. Porque não poderia mudar o da sua? O Senhor pode mudar.

II Co 5:17: "Assim que, se alguém está em Cristo, nova criatura é; as coisas velhas já passaram; eis que tudo se fez novo.";

Ap 21:4: "E Deus limpará de seus olhos toda a lágrima; e não haverá mais morte, nem pranto, nem clamor, nem dor; porque já as primeiras coisas são passadas.".

2. ELE NOS TIRA O PANO DE SACO E UNGE-NOS DE ALEGRIA

O pano de saco era sinal de profunda tristeza.

Deus tira o luto, o pano de saco e reveste-nos de alegria.

Sl 126: "1 QUANDO o SENHOR trouxe do cativeiro os que voltaram a Sião, estávamos como os que sonham.
2 Então a nossa boca se encheu de riso e a nossa língua de cântico; então se dizia entre os gentios: Grandes coisas fez o SENHOR a estes.
3 Grandes coisas fez o SENHOR por nós, pelas quais estamos alegres.
4 Traze-nos outra vez, ó SENHOR, do cativeiro, como as correntes das águas no sul.
5 Os que semeiam em lágrimas segarão com alegria.

6 Aquele que leva a preciosa semente, andando e chorando, voltará, sem dúvida, com alegria, trazendo consigo os seus molhos.".

Deus quer ver você alegre e celebrativo.

3. ELE FAZ NOSSO ESPÍRITO CANTAR LOUVORES

É o que fizeram Moisés e Maria e o que sentiriam Ana e o salmista, que disse: "SENHOR, DEUS MEU, GRAÇAS TE DAREI PARA SEMPRE" (Sl 30:12).

Meu amigo, você pode sentir que está no fundo do poço e que a sua vida está desmoronando diante de você. Mas, mesmo assim, DEIXE DEUS FAZER. Com as suas próprias forças, você não será capaz de nada. Deixe Deus agir. Deixe o Salvador te ajudar. Vale a pena experimentá-lo. Ele faz mudanças.

Deus deseja dar-nos muito além do que imaginamos
Isaías 54:1-7

Deus tem um tempo de restauração para cada um de nós, estando em nossas mãos a "permissão" para que isso aconteça dentro do menor prazo possível, pois, como bem disse Tiago (Tg 4:7), se resistirmos ao diabo, ele fugirá de nós, ou seja, se resistirmos às malignidades, com certeza, elas se afastarão de nós.

Talvez você esteja perguntando-se quais seriam essas malignidades.

Na verdade, muitos de nós fomos criados por meio de ensinamentos que não vêm de Deus e que nos deformaram, e enquanto as malignidades que provocaram as nossas deformações não forem definitivamente extirpadas de nossas vidas, não podemos desfrutar da abundância de vida que Jesus Cristo nos dá (II Co 5:17 e Jo 10:10). Ora, para vivermos essa vida abundante é preciso que a conquistemos sabendo que, para isso, é necessário que aprendamos a guerrear, dia após dia, contra principados e potestades do mal, nas regiões celestiais, nas quais tudo acontece antes, fazendo uso do nome que está acima de todo nome: JESUS CRISTO!

Chega de viver um evangelho morto e cheio de dogmas, que não nos permite desfrutar dessa abundância que Jesus Cristo já nos deu por meio do seu sacrifício na cruz. É hora e tempo de vivermos uma vida centrada no Espírito Santo de Deus para sermos exemplos de plenitude de vida, demonstrando que o sangue precioso de Jesus coloca-nos como cabeça, e não como cauda, fazendo-nos bem aventurados e representantes do céu aqui na terra.

Deus deseja colocar um novo cântico de vitória em nossos lábios e, para isso, ensina-nos como podemos e devemos crescer espiritualmente, firmados pelas cinco estacas fundamentais:

1. A SANTIDADE (Lv 11:45)

A santidade não pode ser um estereótipo, e sim uma realidade de vida que vem do profundo do nosso ser, do próprio espírito, e fica estampada no rosto por meio da plenitude do poder do Espírito Santo de Deus. O Senhor colocou-nos neste mundo para ocuparmos os lugares que o diabo tem roubado dos filhos Dele, e, para que isso possa acontecer, precisamos buscar uma vida de santidade por meio do jejum, da oração e da leitura da Palavra, que nos dará, então, a condição de sermos reconhecidos por intermédio do nosso testemunho, assim como fizeram os profetas da antiguidade (Hb 11).

2. A CONSAGRAÇÃO (Sl 51:15-17)

Davi, após experimentar uma grande queda, conseguiu entender a necessidade da total consagração de vida, a qual abrange todas as áreas que a compõem, oferecendo sua existência a Deus como incenso de aroma agradável.

É preciso que nos separemos de tudo aquilo que está contaminado pela malignidade, aprendendo, então, a nos lançarmos aos pés de Jesus Cristo, a rocha firme e inabalável.

3. A SUBMISSÃO (Rm 8:28)

Deus honrar-nos-á se O obedecermos por meio do seu Espírito, com submissão, pois, uma vez que lhe permitimos alargar nosso entendimento espiritual, Ele mesmo fará com que a nossa tenda seja acrescida. Precisamos e devemos estar debaixo da vontade soberana de Deus, assim como o próprio Jesus fez em sua oração sacerdotal.

4. O PERDÃO (Tg 5 e Rm 8:1)

Pois aquele que não consegue perdoar os que estão ao seu lado, posto que ele mesmo já foi perdoado por Deus por meio do sangue de Jesus, não pode ter, em si, a plenitude do Espírito. Antes, continua debaixo da opressão dos atormentadores – demônios que encontram habitação para agir nas vidas que guardam mágoas e rancores e não deixam espaço para que se possa desfrutar das alegrias que Cristo preparou para aqueles que O amam.

É necessário limparmos nosso coração e apresentarmos mãos abstersas diante do altar de Deus, a fim de que possamos, cada vez mais, crescer espiritualmente, de acordo com a Sua vontade.

Quando aprendemos a perdoar no amor de Jesus, alegramos o coração de Deus.

5. A FAMÍLIA (I Pd 3:1-7)

Por que a nossa família precisa estar de acordo com os padrões estabelecidos pelo Senhor para que nossas orações não sejam interrompidas, posto que, agindo assim, estaremos em plena comunhão com o Espírito Santo. E a possibilidade de desenvolver e viver a realidade da harmonia dentro de nossos lares reside na declaração, em nome de Jesus Cristo, da promessa de que nós e a nossa casa serviremos ao Senhor. Somente um lar dirigido pelo mover do Espírito Santo pode ser realmente próspero e abençoado.

Apenas depois de firmarmos nossas estacas, poderemos transbordar para a direita e para esquerda, com liberdade e pleno resgate de nossa soberania, que nos levará a conhecer e desfrutar um novo tempo de prosperidade em todas as áreas da vida. Há uma promessa que diz: "[...], para que sejais tomados de toda a plenitude de Deus, dando Aquele que é poderoso para fazer infinitamente mais do que tudo quanto pedimos, ou pensamos, conforme o Seu poder que opera em nós, a glória, na igreja e em Cristo Jesus, por todas as gerações, para todo o sempre." (Ef 3:19-20).

Deus está neste lugar?

At 9:15 :"Mas o Senhor lhe disse: Vai, porque este é para mim um INTRUMENTO ESCOLHIDO para levar o meu nome perante os gentios e reis, bem como perante os filhos de Israel.".

Deus está neste lugar?

Creio que todos os irmãos responderam que sim, Deus está neste lugar. Mas não estou me referindo a este lugar. Deve haver outro lugar em que Deus está.

Paulo era um homem religioso. Em Gálatas 1:13-14: "Porque ouviste qual foi o meu proceder outrora no Judaismo, como sobremaneira perseguia eu a igreja de Deus e a devastava. E, na minha nação, quando ao judaismo, avantajava-me a muitos da minha idade, sendo extremamente zeloso das tradições de meus pais.".

Vemos, na vida de Paulo, um homem religioso e extremamente zeloso. Será que Deus estava naquele lugar? "[...], como sobremaneira perseguia eu a igreja de Deus e a devastava." (Gl 1:13b).

Amados irmãos, certas atitudes em nós não demostram que Deus está neste lugar, e sim outro.

"Mas o Senhor lhe disse: Vai, porque este é para mim um INTRUMENTO ESCOLHIDO para levar o meu nome" (At 9:15).

Quem diria nós sermos INSTRUMENTOS DE DEUS.

A CONVERSÃO DE PAULO

1. Originou-se da graça divina e foi um ato de amor. Jesus manifestou-se a ele, seu grande inimigo, falou com ele, advertiu-o e ensinou-o a como andar com Ele.
2. Essa graça resultou de uma ocupação imediata com Jesus: ele OUVIU, ele VIU e ele OBEDECEU. Paulo a descreve como uma REVELAÇÃO DE CRISTO À SUA ALMA.
3. Essa experiência produziu, em Paulo, A OBEDIENCIA DA FÉ.

Podemos notar que foi diferente de algumas conversões que não resultaram de:

  a. uma discussão intelectual;
  b. um interesse material;
  c. um medo do inferno ou um desejo de ganhar o céu.

QUANDO DEUS ESTÁ NESTE LUGAR, o efeito do poder do evangelho é grande.

1. TROCA A CEGUEIRA PELA VISTA

Atos 9:17: "Irmão Saulo, o Senhor Jesus, que te apareceu no caminho por onde vinhas, enviou-me para que tornes a ver e sejas cheio do Espírito Santo".

Como posso, então, ficar cheio do Espírito Santo? Vou dar aos irmãos a receita. Anote-a aí:

1. 100 gramas de indisposição;
2. ½ copo de ira;
3. 300 gramas de incredulidade;
4. bata duas porções de redіges de coração;
5. misture a tudo ½ litro de sangue venenosos.

"5 Pois os que são segundo a carne inclinam-se para as coisas da carne; mas os que são segundo o Espírito para as coisas do Espírito.
6 Porque a inclinação da carne é morte; mas a inclinação do Espírito é vida e paz.

7 Porquanto a inclinação da carne é inimizade contra Deus, pois não é sujeita à lei de Deus, nem em verdade o pode ser; 8 e os que estão na carne não podem agradar a Deus.

9 Vós, porém, não estais na carne, mas no Espírito, se é que o Espírito de Deus habita em vós. Mas, se alguém não tem o Espírito de Cristo, esse tal não é dele.

10 Ora, se Cristo está em vós, o corpo, na verdade, está morto por causa do pecado, mas o espírito vive por causa da justiça.

11 E, se o Espírito daquele que dos mortos ressuscitou a Jesus habita em vós, aquele que dos mortos ressuscitou a Cristo Jesus há de vivificar também os vossos corpos mortais, pelo seu Espírito que em vós habita.

12 Portanto, irmãos, somos devedores, não à carne para vivermos segundo a carne;

13 porque se viverdes segundo a carne, haveis de morrer; mas, se pelo Espírito mortificardes as obras do corpo, vivereis.

14 Pois todos os que são guiados pelo Espírito de Deus, esses são filhos de Deus.

15 Porque não recebestes o espírito de escravidão, para outra vez estardes com temor, mas recebestes o espírito de adoção, pelo qual clamamos: Aba, Pai!" (Rm 8:5-15).

Gl 5:16-17: "16 Digo, porém: Andai pelo Espírito, e não haveis de cumprir a cobiça da carne.

17 Porque a carne luta contra o Espírito, e o Espírito contra a carne; e estes se opõem um ao outro, para que não façais o que quereis.".

Mas para se encher do Espírito Santo, esta é a formula:

a. **submetendo-se:** você é uma pessoa que se submete às seguintes autoridades: Deus e, abaixo do Senhor, o pastor da Igreja.

   Liderança: como é a sua submissão a líderes?

b. **seguindo-o:** Jesus disse a seus discipulos em certa ocasião: "Se alguém quer vir a mim, a si mesmo se negue, tome a sua cruz e siga-me." (Mr 8:34);

c. **deixando você ser usado pelas mãos do Senhor:** vamos nos basear apenas em Paulo: "[...] Vai, porque este é para mim um INTRUMENTO ESCOLHIDO para levar o meu nome perante os gentios e reis, bem como perante os filhos de Israel." (At 9:15).

d. **respirando o Evangelho de Jesus 24 horas por dia**.

2. MUDANÇA TOTAL DA DIREÇÃO DA VIDA

Lc 1:79: "para alumiar os jazem nas trevas e na sombra da morte,e dirigir os nossos pés pelo caminho da paz.".

3. SUBSTITUIÇÃO DAS TREVAS PELA LUZ

Jo 8:12: "Eu sou a luz do mundo, quem me segue não andará nas trevas, pelo contrário terá a luz da vida.".

4. O SENHOR TIRA OS LAÇOS DO DIABO PARA VINCULÁ-LOS A CRISTO

Cl 1:13: "Ele nos libertou do império das trevas e nos transportou para o reino do filho do seu amor.".

5. REMOVE OS PECADOS

I Jo 2:12-14: "12 Filhinhos, eu vos escrevo, porque os vossos pecados são perdoados por amor do seu nome.
13 Pais, eu vos escrevo, porque conheceis aquele que é desde o princípio. Jovens, eu vos escrevo, porque vencestes o Maligno.
14 Eu vos escrevi, meninos, porque conheceis o Pai. Eu vos escrevi, pais, porque conheceis aquele que é desde o princípio. Eu escrevi, jovens, porque sois fortes, e a palavra de Deus permanece em vós, e já vencestes o Maligno.".

6. DÁ A GARANTIA DE UMA HERANÇA ETERNA AOS SANTIFICADOS

I Jo 2:15-17: "15 Não ameis o mundo, nem o que há no mundo. Se alguém ama o mundo, o amor do Pai não está nele.

16 Porque tudo o que há no mundo, **a concupiscência da carne,** a **concupiscência dos olhos** e a **soberba da vida**, não vem do Pai, mas sim do mundo.

17 Ora, o mundo passa, e a sua concupiscência; **mas aquele que faz a vontade de Deus, permanece para sempre.**".

At 9:17: "Saulo, irmão, o Senhor me enviou, a saber o próprio Jesus que te apareceu no caminho por onde vinhas, para **que RECUPERES A VISTA** e fiques cheio do Espírito Santo.".

DEUS ESTÁ NESTE LUGAR?

Para que RECUPERES A VISTA?

Se Deus está neste lugar, onde está

- A amor?
- A alegria?
- A paz?
- A longanimidade? (que significa: paciente para suportar ofensas; generoso).
- A benignidade? (que significa: bondade, disposição favorável para com alguém).
- A bondade?
- A fidelidade? (observância, fé jurada ou devida).
- A mansidão?
- O domínio próprio?

DEUS ESTÁ NESTE LUGAR?

Deus está presente
Salmo 46.

Os salmos 46, 47 e 48 formam uma trilogia de louvor a Deus. Há uma chance, segundo comentaristas, de que uma mesma situação histórica tenha fornecido cenário para todos esses três salmos.

Os elementos apocalípticos declarados são usados pelo salmista para ENCO-RAJAR o povo em sua crises atuais.

1. Enquanto outras pessoas estão ausentes, Deus está presente. Ele está perto.

"1 Deus é o nosso refúgio e fortaleza, socorro bem presente na angústia.

2 Pelo que não temeremos, ainda que **a terra se mude**, e ainda **que os montes se projetem para o meio dos mares**;
3 **ainda que as águas rujam e espumem**, ainda que os montes se abalem pela sua braveza." (Sl 46:1-3).

Temos, aqui, quatro calamidades que pareciam ser o fim do mundo, mas elas não atemorizam os que têm Deus como refúgio.

1- "**a terra se mude**": a crosta terrestre se movendo';

2- "**que os montes se projetem para o meio dos mares**": vulcões em alguns países;

3- "**águas rujam e espumem**": o mar invadindo povoados inteiros;

4- "**os montes se abalem pela sua braveza**": terremotos.

Temos assistido, no meio de comunicação, o que está acontecendo em nossa terra (o mundo). Quantas catástrofes. Vamos, agora, apenas ler sobre os TERREMOTOS:

Luc 21:10-11: "10 Então lhes disse: Levantar-se-á **nação contra nação, e reino contra reino**; 11 e haverá em vários lugares **grandes terremotos, e pestes e fomes**;

haverá também coisas espantosas, e grandes sinais do céu.".

*séc. XV: ocorreram 115 terremotos;

*séc. XVI: 253 terremotos;

*séc. XVII: 378;

*séc. XVIII: 649;

*séc. XIX: 2.119;

* séc. XX: já houve, até agora, séc. XXI, mais terremotos do que somando todos os que aconteceram nos séculos anteriores.

O Katrina, que alagou Nova Orleans e parte do sul dos Estados Unidos no final de agosto de 2005, era da categoria cinco, a mais forte de todas, com ventos superiores a 249 km/h. Foi o quarto da categoria no país desde que os furacões começaram a ser medidos. O último havia sido o Andrew, que matou pelo menos 43 pessoas em 1992, na Flórida.

Um estudo indica que os furacões estão cada vez mais fortes. Segundo a pesquisa feita por cientistas do Instituto de Tecnologia da Geórgia (Georgia Tech) e do Centro Nacional para Pesquisas Atmosféricas (NCAR), o número de furacões das categorias quatro e cinco praticamente dobrou em todo o mundo nos últimos 35 anos.

Deus é o refúgio no meio do perigo; **ele nos força para levar a nossa vida a finalidades construtivas**; socorro e consolo ele nos dá.

Ilustração: o quarto homem na fornalha: "Disse ele: Eu, porém, vejo quatro homens soltos, que andam passeando dentro do fogo, e nenhum dano sofrem; e o aspecto do quarto é semelhante a um filho dos deuses." (Dn 3:25).

2. Algumas pessoas podem estar presentes, mas não conseguem ajudar. Deus, porém, está presente e pode todas as coisas

Sl 46: 4-7: "4 Há um rio cujas correntes alegram a cidade de Deus, o lugar santo das moradas do Altíssimo.

5 Deus está no meio dela; não será abalada; Deus a ajudará desde o raiar da alva.

6 Bramam nações, reinos se abalam; ele levanta a sua voz, e a terra se derrete.

7 O Senhor dos exércitos está conosco; o Deus de Jacó é o nosso refúgio.".

A salvação operada por Deus nos versos de um a três é a prova daquilo que Ele é para nós: um antegozo do santuário eterno de Deus.

O Senhor que se tornou o Deus de Jacó e que é o Deus de todas as forças do universo quer, também, ser o seu Deus e te levar para a cidade eterna como o rio e as suas correntes. "Há um rio cujas correntes alegram a cidade de Deus, o lugar santo das moradas do Altíssimo." (Sl 46:4).

3. Ele quer ajudar e vai ajudar

Salmo 46.5: "[...] Deus a ajudará desde o raiar da alva.".

"Ao romper da manhã", no tempo certo. A "noite" da tribulação tem um tempo limitado por Deus, ela não é eterna: "O choro pode durar uma noite, mas a alegria vem pela manhã" (Sl 30:5b).

"8 Vinde contemplai as obras do Senhor, as desolações que tem feito na terra.
9 Ele faz cessar as guerras até os confins da terra; quebra o arco e corta a lança; queima os carros no fogo.
10 Aquietai-vos, e sabei que eu sou Deus; sou exaltado entre as nações, sou exaltado na terra.
11 O Senhor dos exércitos está conosco; o Deus de Jacó é o nosso refúgio.".

A linda frase "**AQUIETAI-VOS, E SABEI QUE EU SOU DEUS**" (v. 10) transmite a ideia de EVITAR lutas INÚTEIS e, até, a falta de CONFIANÇA.

    a. evitar lutas inúteis;
    b. evitar a falta de confiança.

- As suas lutas são, por acaso, maiores que o teu Deus?

- Para você, elas são impossíveis de ter uma solução.

DEUS ESTÁ PRESENTE, Ele está perto: "O Senhor dos exércitos está conosco; o Deus de Jacó é o nosso refúgio." (v. 7).

- **Há os que se escondem de Deus**

Gn 3:8: "Estavam ouvindo a voz do senhor e se esconderam dele.".

- **Há os que fogem Dele**

Sl 51:11: "Não me lance fora de ti.";

Sl 143:72: "Não esconda de mim a tua face.".

- **Há os que habitarão com Ele para sempre**

Sl 140:13: "[...] e os retos habitarão na tua presença.".

Na presença do Senhor há:

- segurança

Mt 8:27: "Que homem é este, que até os ventos e o mar lhe obedecem?";

- descanso

Mt 11:28: "Vinde a mim, todos os que estai cansados e oprimidos, e eu vos aliviarei.".

SALMOS 46:

"1 Deus é o nosso refúgio e fortaleza, socorro bem presente na angústia.
2 Pelo que não temeremos, ainda que a terra se mude, e ainda que os montes se projetem para o meio dos mares;
3 ainda que as águas rujam e espumem, ainda que os montes se abalem pela sua braveza.
4 Há um rio cujas correntes alegram a cidade de Deus, o lugar santo das moradas do Altíssimo.
5 Deus está no meio dela; não será abalada; Deus a ajudará desde o raiar da alva.
6 Bramam nações, reinos se abalam; ele levanta a sua voz, e a terra se derrete.
7 O Senhor dos exércitos está conosco; o Deus de Jacó é o nosso refúgio.
8 Vinde contemplai as obras do Senhor, as desolações que tem feito na terra.

9 Ele faz cessar as guerras até os confins da terra; quebra o arco e corta a lança; queima os carros no fogo.

10 Aquietai-vos, e sabei que eu sou Deus; sou exaltado entre as nações, sou exaltado na terra.

11 O Senhor dos exércitos está conosco; o Deus de Jacó é o nosso refúgio.".

Um Deus incomparável

Efésios 3:20,21

"20 Ora, àquele que é poderoso para fazer tudo muito mais abundantemente além daquilo que pedimos ou pensamos, segundo o poder que em nós opera, 21 a esse seja glória na igreja e em Cristo Jesus, por todas as gerações, para todo o sempre. Amém." (Ef 3:20,21).

O que é paixão?

Um sentimento excessivo, um afeto violento, um amor ardente.

Apaixonado, o que é?

Aquele que é dominado pela paixão, um entusiasta.

Essa epístola, junto à de Colossenses, enfatiza a verdade de que a Igreja é o corpo do qual Cristo é a cabeça, embora Paulo tenha mencionado essa mesma verdade em Romanos 12 e em I Coríntios 12.

Há um hino que cantamos em nossos cultos ao Senhor que nos diz:

"Incomparável és.

Ninguém jamais tocou assim em meu ser

Eu posso procurar eternamente,

Mais ninguém é como tu.

O teu amor corre como um rio em mi .

A cura está em suas mãos.

Crianças com dor, em teus braços descansão ,

ninguém é como tu.".

1. INCOMPARÁVEL PORQUE É ILIMITADO

"Ora, àquele que é poderoso para fazer infinitamente mais [...]" (Ef 3:20a).

a. A habilidade de o Senhor ser ILIMITADO:

- capaz de livrar (Dn 3:17);
- suscitar filhos de pedras (Lc 3:8);
- cumprir promessas (Rm 4:21);
- fazer a graça abundar (II Co 9:8);
- realizar tudo abundantemente (Ef 3:20);
- guardar o tesouro da alma (II Tm 1:12).

b. Abundância espiritual:

- alegrias abundantes (Sl 36:8);
- vida abundante (Jo 10:10);
- graça abundante (II Co 9:8);
- suprimento abundante (Fp 4:19).

2. INCOMPARÁVEL PORQUE NÃO É ESTÁTICO

"[...] poderoso para fazer [...]" (Ef 3:20).

3. INCOMPARÁVEL PORQUE OUVE E ATENDE AS ORAÇÕES

"[...] do que tudo quanto pedimos [...]" (Ef 3:20).

- No dirigir todos os acontecimentos.

Nós, os seus filhos, devemos:

- ter plena confiança Nele;
- encorajar-se Nele;
- orar para sermos guiados por Ele.

4. INCOMPARAVÉL PORQUE É ONISCIENTE

"[...] ou pensamos [...]" (Ef 3:20).

Nossa mente e nossa compreensão das coisas são limitadas. Às vezes pensamos que está tudo perdido, mas não está.

5. INCOMPARAVÉL PORQUE LIBERA O SEU PODER EM NÓS

"[...] conforme o seu poder que opera em nós" (Ef 3:20).

- somos sustentados por Deus (Sl 51:12);
- fortalecidos por Ele (Ef 3:16);
- capacitados a falar a verdade ousadamente (At 6:5-10);
- ajudados, por Ele, em oração (Rm 8:26).

6. INCOMPARAVÉL PORQUE É IMUTÁVEL E ETERNO

"[...] pôr todas as gerações, para todo o sempre. Amém." (Ef 3:21).

Irmãos, que nós, a nossa igreja e os nossos amigos possamos nos derramar diante desse Deus incomparável.

"PAULO ORA NOVAMENTE

14 Por esta razão dobro os meus joelhos perante o Pai,
15 do qual toda família nos céus e na terra toma o nome,
16 para que, segundo as riquezas da sua glória, vos conceda que sejais robustecidos com poder pelo seu Espírito no homem interior;

17 que Cristo habite pela fé nos vossos corações, a fim de que, estando arraigados e fundados em amor,
18 possais compreender, com todos os santos, qual seja a largura, e o comprimento, e a altura, e a profundidade,
19 e conhecer o amor de Cristo, que excede todo o entendimento, para que sejais cheios até a inteira plenitude de Deus.
20 Ora, àquele que é poderoso para fazer tudo muito mais abundantemente além daquilo que pedimos ou pensamos, segundo o poder que em nós opera,
21 a esse seja glória na igreja e em Cristo Jesus, por todas as gerações, para todo o sempre. Amém." (Ef 3:14-21).

Deus limpando a Igreja – carta à igreja de Tiatira

Apocalipse 2:18-29

Introdução: (quarta carta às igrejas da Ásia)

Tiatira era um centro comercial na Ásia Menor (moderna Turquia). Estava localizada num fértil vale no qual passavam rotas de comércio. Embora destruída por um terremoto durante o reino de César Augusto (27a.C.-d.C. 14), Tiatira foi reconstruída com a ajuda romana. Produtos têxteis eram os mais importantes nesse lugar. Uma das comerciantes de roupas da cidade era uma mulher chamada Lídia, que conduzia negócios em lugares distantes, como Filipos.

Tiatira significa: sacrifícios intermináveis, em contraste ao livro de Hebreus, no Novo Testamento, que, por várias vezes, diz que Jesus, com uma única oferta, ofereceu, para sempre, a sua vida para resgatar o homem perdido.

1. Deus revela-se ao anjo da igreja

Revelações e profecias não dirigem a Igreja do Senhor. É a Palavra de Deus revelada que nos orienta.

2. A liderança daquela igreja era para os santos (v. 19)

O erro da igreja de Tiatira era permitir os ensinamentos de Jezabel dentro da igreja. Ela, esposa do rei Acabe, trouxe idolatria para Israel e seduziu o seu povo para que este cometesse imoralidade sexual e comesse as ofertas sacrificadas a ídolos.

Pela descrição de Jesus como tendo "olhos como chama de fogo" (Ap 19:12), Deus está advertindo que Ele irá reprovar e julgar aqueles que têm a fé errada em suas igrejas.

- a verdadeira igreja de Deus não chama aqueles que não crêem no evangelho da água e do Espírito de santos, nem coloca essas pessoas que não têm o Espírito Santo em seus corações em cargos de liderança;

- eles nunca podem ser aceitos e tolerados na verdadeira igreja de Deus, porque aqueles sem o Espírito Santo buscam a carne e o mundo em vez de a Deus.

v. 19 – **mas havia, naquele meio, pessoas salvas**, com uma fé viva em Jesus Cristo;

v. 20 – o fato de Jezabel ter esse nome e a descrição de suas ações indicam que o espírito que agiu em Tiatira é o mesmo que, muito tempo antes, agiu na esposa do rei Acabe (I Rs 16 e II Rs 9).

A Jezabel do Velho Testamento era sacerdotiza de Baal, protetora dos falsos profetas, perseguiu e matou quase todos os profetas de Deus, introduziu a imoralidade e o paganismo em Israel. Ela é o símbolo da corrupção, da imoralidade e da idolatria. "[...] não quer arrepender-se." (Ap 2:21), esse sistema ainda se encontra em nosso meio e não há sinais de arrependimento.

3. Deus exerce juízo sobre os rebeldes (v. 22)

A palavra "cama", no versículo 22 do livro de Apocalipse, capítulo dois, significa cama de doente. No versículo 23, Jesus diz que destruirá Jezabel e seus filhos, **é a segunda morte aos que a seguem. E, a seguir, palavras de juízo.**

4. Deus é fiel para com os santos (v. 24)

"os demais" – um grupo dentro da igreja de Tiatira.

Isso significa que aqueles que já se tornaram santos de Deus, pela crença em Seu evangelho da água e do Espírito, devem apegar-se à sua fé até o fim do mundo.

Aqueles que crêem nesse evangelho não têm outro caminho senão viver as suas vidas unindo os seus corações com a Igreja e com os santos de Deus, devendo defender a sua fé até o final. A verdadeira Igreja de Deus deve não só pregar o evangelho da água e do Espírito, mas também revelar os mentirosos com a fé nas escrituras.

Jesus chama a doutrina dessa apostasia de "cousas profundas de satanás". Até Tiatira, falava-se da Igreja como um todo. Agora, é a primeira vez que se fala para um grupo, e, para eles, Deus promete não jogar mais carga. v. 25: "Conservai o que tendes".

Nesse período em que a Bíblia estava fora das mãos do povo, este devia guardar o pouco que tinha conseguido conhecer da sã doutrina bíblica.

v. 26 e 27: Jesus divide sua autoridade com a igreja.

Ap 12:5; Sl 2:7-9.

v. 28: "Estrela da Manhã" – é o Senhor Jesus Cristo no arrebatamento. Quanto mais densas as trevas, mais rapidamente aparecerá a Estrela da Manhã (ver: Ap 22:16).

Nota: principado de Jezabel.

Jezabel significa sem coabitação, e esse principado busca o controle. Em I Rs 16:29; 21:25; e em I Tm 4:1,2, Jezabel é citada e mostra a atuação desse principado. Na batalha contra este, é necessário proteger-se das investidas do espírito de medo e de desânimo (ver II Rs 9:30: morte de Jezabel).

É impossível ao homem

Lucas 17:11-19

A lepra é uma doença que, infelizmente, ainda existe em nossos dias e cria, em quem a contrai, uma situação de desconforto e rejeição pelos familiares e pela sociedade.

EM LUCAS 17:11-19, APRENDEMOS:

a. sobre a miséria daqueles homens, 10 leprosos;
b. sua distância de Cristo: ficaram longe;
c. seu grito por socorro: "Jesus, mestre compadece-nos de nós!" (v. 13);
d. sua fé: "Ide e mostrai-vos aos sacerdotes." (v. 14);
e. sua cura.

Aconteceu que, indo até Jesus, eles foram purificados.

Irmãos, no que nós diferenciamo-nos daqueles leprosos?

1. somente um voltou a Jesus;
2. somente um deu glória a Ele;
3. somente um foi abençoado pelo Senhor.

"Um dos dez vendo que fora curado, voltou, dando glória a Deus em alta voz. E prostou-se com o rosto em terra aos pés de Jesus, agradecendo-lhe e este era samaritano." (v. 15 e 16).

Foi impossível para os outros nove homens reconhecerem que aquele um, simples e humilde, tinha os ajudado.

É IMPOSSÍVEL AO HOMEM:

a. ser salvo sem nascer de novo;

Jo 3:5-7: "5 Jesus respondeu: Na verdade, na verdade te digo que aquele que não nascer da água e do Espírito, não pode entrar no reino de Deus. 6 O que é nascido da carne é carne, e o que é nascido do Espírito é espírito. 7 Não te maravilhes de te ter dito: Necessário vos é nascer de novo.".

b. ser redimido sem o sangue de Jesus;

Hb 9:22: "E quase todas as coisas, segundo a lei, se purificam com sangue; e sem derramamento de sangue não há remissão.".

c. agradar a Deus sem ter féAGRADAR A DEUS, SEM TER FÉ Heb 11:6

Hb 11:6: "Ora, sem fé é impossível agradar-lhe; porque é necessário que aquele que se aproxima de Deus creia que ele existe, e que é galardoador dos que o buscam."

1. Talvez o homem esteja procurando o cristo errado, de maneira errada.

E Jesus disse: "Quem crer e for batizado será salvo; mas quem não crer será condenado." (Mc 16:16).

2. Muitos procuram o Cristo certo, mas de maneira errada:

Os próprios pais de Jesus procuraram-no por muitos lugares quando o perderam (Lc 2:48-49).

3. Muitos procuram o Cristo certo, de maneira certa.

É IMPOSSÍVEL AO HOMEM:

- converter-se depois da morte (Lc 16:26);
- escapar do juízo vindouro (Hb 2:3: "Como escaparemos nós, se descuidarmos de tão grande salvação?");

- salvar-se de outro modo a não ser por Jesus (Jo 10:9: "Eu sou a porta, se alguém entrar por mim, será salvo, entrará e saira e achará pastagens.");
- crer em Jesus e, mesmo assim, perder-se (Mc 16:16: "Quem crer e for batizado será salvo; mas quem não crer será condenado.").

Qual é a maneira que você está procurando Cristo?

- está procurando o cristo errado, de maneira errada?

Mc 16:16: "Quem crer e for batizado será salvo; mas quem não crer será condenado.";

- está procurando o Cristo certo, mas da maneira errada?

Os próprios pais de Jesus procuraram-no por muitos lugares quando o perderam (Lc 2:48-49);

- está procurando o Cristo certo, de maneira certa?

Enchei-vos do Espírito Santo
Efésios 5:18

"E não vos embriagueis com vinho, no qual a dissolução, mas ENCHEI-VOS do ESPÍRITO." (Ef 5:18).

Irmão, não existe, no cristianismo, nada que seja tão vital, penetrante e eficaz como o Espírito Santo. Quem não o conhece, não pode, em absoluto, conhecer o Senhor. A igreja fica impotente sem a sua presença, e esta, que é constante, é o único caminho para uma religião sobrenatural.

A igreja é a criação do Espírito Santo. Sem ele, não pode haver nem cristão, nem Igreja.

1. QUANDO DEUS ENCHE

a. encheu o Tabernaculo com a Sua presença (Êx 40:34-35);
b. encheu o templo de igual modo (II Cr 7:1);
c. encheu a sua casa (Is 6:1-4);
d. enche de gozo (Rm15:3);
e. enche, de bens, os famintos (Lc 1:53).

2. A BÍBLIA FALA DE PESSOAS CHEIAS DO ESPÍRITO SANTO

a. João Batista foi um homem cheio do Espírito Santo (Lc 1:15);
b. Maria cantou um cântico quando foi tomada pelo Espírito (Lc 1:35);
c. Isabel ficou cheia do Espírito ao receber Maria em sua cassa (Lc 1:41);
d. Zacarias, cheio do Espírito Santo, cantou (Lc 1:67);
e. os apóstolos foram cheios do Espírito (At 2:4);
f. Pedro, cheio do Espírito, levou uma multidão a Cristo (At 4:8-31);
g. Estevão estava cheio do Espírito ao sofrer o martírio (At 7:55);
h. Barnabé era um homem cheio do Espírito Santo (At 7:55).

Qual é o elemento necessário para ser cheio do Espírito? O HOMEM. Sem ele, não há como.

Muitas vezes o pecado entrou e bloqueou nosso poder e nós nem percebemos isso. De acordo com Jeremias 17:9: "**O coração é mais enganoso do que qualquer outra coisa e sua doença é incurável. Quem é capaz de compreendê-lo.**".

Muitos de nós temos pouco poder de Deus em nossas vidas porque falhamos em praticar a confissão diariamente.

Precisamos lembrarmo-nos de que Deus não nos ouvirá se houver pecados inconfessos em nossas vidas. Sl 66:18: "Se eu atender à iniqüidade no meu coração, o Senhor não me ouvirá;".

Lembre-se: se seu tempo de confissão é breve, inconsistente e superficial, assim será o poder de Deus em sua vida.

Leia o artigo das páginas 76 a 78 do livro *Como desenvolver uma vida poderosa de Oração*, de Gregory Frizzell.

COMO SER CHEIO DO ESPÍRITO SANTO:

PECADOS DE PENSAMENTO

Para sermos CHEIOS, precisamos começar a nossa jornada com a PURIFICAÇÃO DA MENTE e do CORAÇÃO.

De acordo com as Escrituras, o pecado COMEÇA no coração e na mente. Mat 15:19: "Porque do coração procedem os maus pensamentos, mortes, adultérios, prostituição, furtos, falsos testemunhos e blasfêmias.".

Até que seus pensamentos e atitudes estejam sob o controle de Deus, você não EXPERIMENTARÁ a vida abundante em Cristo.

Não é atoa que satanás ataca nossas mentes com pensamentos inapropriados, pecaminosos. O diabo sabe que, se **puder desenvolver fortalezas** em nossos pensamentos, ele facilmente nos levará a pecar e a nos separar do poder de Deus.

Em Pv 23:7, Deus revela a enorme importância de submeter nossas mentes totalmente a Cristo, "**Porque, como imaginou em sua alma, assim ele o é.**". Em outras palavras: o que você pensa é uma grande parte do que você é.

Você só poderá ser cheio do Espírito Santo à medida que estiver disposto a se esvaziar de si mesmo. Se você for honesto e sincero em sua confissão, Deus o purificará e transformará a sua vida.

Mt 7:22-23: "22 Muitos me dirão naquele dia: Senhor, Senhor, não profetizamos nós em teu nome? e em teu nome não expulsamos demônios? e em teu nome não fizemos muitas maravilhas?

23 E então lhes direi abertamente: Nunca vos conheci; apartai-vos de mim, vós que praticais a iniqüidade.";

II Co 10:5: "Destruindo os conselhos, e toda a altivez que se levanta contra o conhecimento de Deus, e levando cativo todo o **pensamento** à obediência de Cristo;";

Mt 5:28: "Eu, porém, vos digo, que qualquer que atentar numa mulher para a cobiçar, já em seu coração cometeu adultério com ela.";

Cl 3:1-3: "1 PORTANTO, se já ressuscitastes com Cristo, buscai as coisas que são de cima, onde Cristo está assentado à destra de Deus.
2 Pensai nas coisas que são de cima, e não nas que são da terra;
3 Porque já estais mortos, e a vossa vida está escondida com Cristo em Deus.";

Mt 15:8-9: "8 Este povo se aproxima de mim com a sua boca e me honra com os seus lábios, mas o seu coração está longe de mim.
9 Mas, em vão me adoram, ensinando doutrinas que são preceitos dos homens.".

Para cada um desses, peça perdão a Deus e confie Nele para renovar sua mente.

Rm 12:2: "E não sede conformados com este mundo, mas sede transformados pelarenovação do vosso entendimento, para que experimenteis qual seja a boa, agradável, e perfeita vontade de Deus.".

Resolva levar cativo todo o pensamento ao senhorio de Cristo.

PERGUTAS PARA REFLEXÃO:

Cuidadosamente, reflita nos tipos de pensamento que ocupam sua mente.

1. A sua mente está cheia de pensamentos acerca de Cristo ou está consumida com questões terrenas?
Pensamentos libidinosos, impuros, frequentemente ocupam a sua mente?
2. Jesus está no centro de suas prioridades ou Ele ocupa um pequeno cantinho dos seus pensamentos e planos?
3. Você sente que seus pensamentos estão misturados com desejos egoístas em vez de estarem buscando a glória de Deus?
4. Você está ciente do seu desejo de ser notado e elogiado pelas pessoas em vez de estar simplesmente buscando agradar a Deus?
5. Seu amor e adoração diminuem quando as coisas não saem do seu jeito?
6. Quando se decepciona, você ESFRIA com Deus e com a Igreja?

Como serei cheio do Espírito se tenho peado meu pensamento?

Ele precisa de você

Atos 11:25

"**E partiu Barnabé para Tarso, a buscar Saulo; e, achando-o, o conduziu para Antioquia.**" (At 11:25).

É maravilhoso saber que Deus "escolheu" precisar do homem. Desde o jardim do Éden, Ele sempre desejou ter o homem como cooperador dos seus planos (Gn 2:8; Rm 3:9).

Hoje veremos como Jesus **"escolheu"** no seu ministério, e não ficarão dúvidas de que Ele precisa de você.

1. Ele precisa do seu carro

a. Jumentinho: ler Lc 19:28-41.
b. Um barco : ler Lc 5:1-3.

2. Ele precisa da sua casa

a) Lucas 22:14: "E, chegada a hora, pôs-se à mesa, e com ele os doze apóstolos.".

b) Atos 12:12: "E, considerando ele nisto, foi à casa de Maria, mãe de João, que tinha por sobrenome Marcos, onde muitos estavam reunidos e oravam.".

3. Ele precisa de você

a. Missões: "Depois disto ouvi a voz do Senhor, que dizia: A quem enviarei, e quem há de ir por nós? Então disse eu: Eis-me aqui, envia-me a mim." (Is 6:8).
b. Discípulos um a um: "E partiu Barnabé para Tarso, a buscar Saulo; e, achando-o, o conduziu para Antioquia." (At 11:25);
c. Apascentar as ovelhas: "15 E folgo, por amor de vós, de que eu lá não estivesse, para que acrediteis; mas vamos ter com ele. 16 Disse, pois, Tomé, chamado Dídimo, aos condiscípulos: Vamos nós também, para morrermos

com ele. 17 Chegando, pois, Jesus, achou que já havia quatro dias que estava na sepultura." (Jo 21:15-17).

d. Anunciar o Evangelho: "13 Porque todo aquele que invocar o nome do SENHOR será salvo. 14 Como, pois, invocarão aquele em quem não creram? e como crerão naquele 15 E como pregarão, se não forem enviados? como está escrito: Quão formosos os pés dos que anunciam o evangelho de paz; dos que trazem alegres novas de boas coisas." (Rm 10:13-15).

Entesourar para os filhos

II Coríntios 12:14

"Eis aqui estou pronto para pela terceira vez ir ter convosco, e não vos serei pesado, pois que não busco o que é vosso, mas sim a vós: **porque não devem os filhos entesourar para os pais, mas os pais para os filhos**." (II Co 12:14).

Aqui, o apóstolo Paulo usa um verbo bem atual para nós: ENTESOURAR.

Jesus afirma que o Reino dos Céus é como um tesouro.

Ele diz que, na casa do justo, existe um grande tesouro. Nossos filhos são os maiores tesouros que temos.

1. O QUE OS PAIS DEVEM ENTESOURAR PARA OS FILHOS

a. o temor do Senhor (Pv 1:7);
b. os princípios (Dt 6:6-9);
c. o amor de Deus (Mt 22:37-38);
d. a Palavra de Deus (Sl 119:11);
e. levar os filhos a Deus (Mt 19:13);

2. COMO FAZER ISSO

a. pelo exemplo;

b. pela oração;

c. pelo ensino;

d. com a graça e ajuda de Deus.

3. OS RESULTADOS

A colheita e os lucros são para a vida eterna.

Qual será a herança que você vai deixar para o seu filho? O que você entesourou para ele?

Entrando no Reino mesmo aleijado

Mateus 5:29-30

"29 Se o teu olho direito te faz tropeçar, arranca-o e lança-o de ti; pois te é melhor que se perca um dos teus membros do que seja todo o teu corpo lançado no inferno.
30 E, se a tua mão direita te faz tropeçar, corta-a e lança-a de ti; pois te é melhor que se perca um dos teus membros do que vá todo o teu corpo para o inferno." (Mt 5:29-30).

Amados irmãos, se encarássemos essa advertência de Jesus ao pé da letra, teríamos uma Igreja de: CEGOS, MUDOS, SURDOS, MANETAS e PERNETAS.

O trágico ato de cortar alguns dos membros do nosso corpo não é nenhuma garantia contra o pecado, que tem sua base no coração.

1. ARRANCAR O OLHO E CORTAR A MÃO

Em sentido figurado, o nosso Senhor está querendo INCENTIVAR-NOS A RENUNCIAR COMPLETA e INCONDICIONALMENTE tudo aquilo que pode afastar-nos da fé e conduzir-nos ao pecado.

a) Levando a pureza espiritual a sério:

- A nossa PUREZA INTERIOR deve ser PRESERVADA, ainda que isso nos custe muito caro.

- Os pecados brotam no coração e são estimulados pelas coisas que estão à NOSSA VOLTA, pelas circunstâncias.

b) O que representam o ato de arrancar e o de cortar?

- Uma medida radical para NEUTRALIZAR os desejos carnais que escravizam os membros do nosso corpo ao pecado: "Porque, se viverdes segundo a carne CAMINHAIS PARA A MORTE, mas se pelo Espírito MORTIFICARDES os feitos do corpo, certamente vivereis." (Rm 8:13).

Devemos:

- cortar da nossa vida tudo aquilo que causa escândalo ou tropeço em nós ou nos outros: "Mas eu esmurro o meu corpo, e o reduzo à escravidão para que... não venha eu mesmo a ser DESQUALIFICADO." (I Co 9:27);

- tomar atitudes concretas que nos afastam de certos livros, programas de TV, lugares e atividades que, potencialmente, conduzem-nos à tentação. Devemos distanciar-nos de pessoas más, fofoqueiras, heréticas e obscenas (ver: I Co 5:11).

*Todas essas coisas, bem como outras semelhantes, podem servir de armadilhas para nos conduzir ao pecado.

*Deus trabalha na FERIDA que fica quando cortamos algo prejudicial à nossa vida cristã.

*É o exercício da AUTONEGAÇÃO CRISTÃ, do "tomar cada um a sua cruz", é conformar-se com CRISTO e seu ATO SACRIFICIAL.

O pecado deve ser, a qualquer preço, extirpado da nossa vida.

- A Medicina amputa órgãos doentes a fim de salvar o corpo.
- Todas as nossas atitudes demonstradas em momentos adversos devem ser cortada de nós.

ILUSTRANDO:

- Se o cristão gosta de futebol, mas é violento em uma divisão de bola, é melhor ou ele procurar outro esporte, ou se deixar dominar totalmente (ser controlado) por Deus.
- Se você dirige um carro, mas perde a paciência facilmente no trânsito, indo às últimas consequências (Ef 4:29; Cl 3:8), você ou deve vender o carro, ou contratar um motorista particular.

Sabemos, então, que é mais vantajoso SACRIFICAR algo que consideramos de muito valor (olho, mão) para que possamos andar em obediência a Deus.

Somente assim preservaremos a nossa comunhão com Cristo e a nossa salvação.

Jesus considerou que o olho (DESEJO) é o meio pelo qual nos sobrevem a tentação. Mas é a nossa MÃO (AÇÃO) o instrumento com o qual pecamos.

Falta de conhecimento

Oséias 4:1-6

"2 O princípio da palavra do SENHOR por meio de Oséias. Disse, pois, o SENHOR a Oséias: Vai, toma uma mulher de prostituições, e filhos de prostituição; porque a terra certamente se prostitui, desviando-se do SENHOR." (Os 1:2).

Deus ordenou que Oséias casesse-se com uma prostituta, de forma que alguns de seus filhos fossem de outros homens. Para que? Para ilustrar a forma que o povo de Deus tem sido infiel ao Senhor. Mesmo quando a esposa novamente pecasse, Oséias deveria recebe-la e amá-la, demonstrando o amor infalível de Deus por seu povo.

Israel foi infiel à aliança com o Senhor, resultando, com ela, em CONTENDA. Israel foi culpada de muitas transgressões, e o profeta declarou que a terra não tinha VERDADE ou FIDELIDADE, nem AMOR ou LEALDADE para com a aliança, muito menos CONHECIMENTO DE DEUS, no sentido de conhecer ou obedecer a vontade Dele.

1. A REBELIÃO

a. jurando, mentindo, matando, roubando e adulterando (Os 4:1-3);
b. líderes religiosos ímpios (Os 4:4-5);
c. líderes políticos ímpios (Os 7:1-7);
d. ignorância intencional (Os 4-6);
e. idolatria (Os 4:7,12-13,19);
f. embriaguez (Os 4:11,18);
g. arrogância (Os 5:5-9);
h. sacrifícios insinceros (Os 6:4-6);
i. quebra da aliança (Os 6:7-11);
j. recusa de ouvir a Palavra de Deus (Os 9:7-10).

Se pararmos um pouco e examinarmos esse livro por completo, descobriremos que as mesmas coisas estão acontecendo hoje, no século XXI.

O povo erra por não conhecer a palavra de Deus.

Vamos ver o que diz II Tm 4:1-5:

"1 CONJURO-TE, pois, diante de Deus, e do Senhor Jesus Cristo, que há de julgar os vivos e os mortos, na sua vinda e no seu reino,
2 Que pregues a palavra, instes a tempo e fora de tempo, redarguas, repreendas, exortes, com toda a longanimidade e doutrina.
3 Porque virá tempo em que não suportarão a sã doutrina; mas, tendo comichão nos ouvidos, amontoarão para si doutores conforme as suas próprias concupiscências;
4 E desviarão os ouvidos da verdade, voltando às fábulas.
5 Mas tu, sê sóbrio em tudo, sofre as aflições, faze a obra de um evangelista, cumpre o teu ministério.".

Creio que essa é a imagem do homem atual, em todos os seus aspectos e em toda a parte do mundo.

Os 4:6 nos diz: "O meu povo esta sendo destruído, porque lhe falta o conhecimento".

Você entende o que lê.

Vamos abrir, agora, em At 8:30-35: "30 E, correndo Filipe, ouviu que lia o profeta Isaías, e disse: Entendes tu o lês?

31 E ele disse: Como poderei entender, se alguém não me ensinar? E rogou a Filipe que subisse e com ele se assentasse.
32 E o lugar da Escritura que lia era este: Foi levado como a ovelha para o matadouro; e, como está mudo o cordeiro diante do que o tosquia, Assim não abriu a sua boca.
33 Na sua humilhação foi tirado o seu julgamento; E quem contará a sua geração? Porque a sua vida é tirada da terra.
34 E, respondendo o eunuco a Filipe, disse: Rogo-te, de quem diz isto o profeta? De si mesmo, ou de algum outro?
35 Então Filipe, abrindo a sua boca, e começando nesta Escritura, lhe anunciou a Jesus.".

Rm 10:14-16: "14 Como, pois, invocarão aquele em quem não creram? e como crerão naquele de quem não ouviram? e como ouvirão, se não há quem pregue? 15 E como pregarão, se não forem enviados? como está escrito: Quão formosos os pés dos que anunciam o evangelho de paz; dos que trazem alegres novas de boas coisas.
16 Mas nem todos têm obedecido ao evangelho; pois Isaías diz: SENHOR, quem creu na nossa pregação?".

2. COMO PODEREI ENTENDER SE ALGUÉM NÃO ME ENSINAR?

a. falta de entendimento para as coisas de Deus: só o Senhor nos dá entendimento. II Tm 2:7: "Considera o que digo, porque o Senhor te dará entendimento em tudo.";

b. as coisas espirituais só discernem-se aos que são espirituais: I Co 2:14: "Ora, o homem natural não compreende as coisas do Espírito de Deus, porque lhe parecem loucura; e não pode entendê-las, porque elas se discernem espiritualmente.";

c. mente fechada, mas Deus lhe abriu o entendimento: Lc 24:45: "Então abriu-lhes o entendimento para compreenderem as Escrituras".

3. HOMENS DE DEUS PREPARADOS PARA ENSINAR A SANTA ESCRITURA

a. "Para que o homem de Deus seja perfeito, e perfeitamente preparado para toda a boa obra." (II Tm 3:17).

b. O apóstolo Paulo recomenda a Timóteo ler, exortar e ensinar:

"11 Manda estas coisas e ensina-as.
12 Ninguém despreze a tua mocidade; mas sê o exemplo dos fiéis, na palavra, no trato, no amor, no espírito, na fé, na pureza.
13 Persiste em ler, exortar e ensinar, até que eu vá.
14 Não desprezes o dom que há em ti, o qual te foi dado por profecia, com a imposição das mãos do presbitério." (I Tm 4:11-14).

4. AOS OLHOS DE ALGUNS, AS ESCRITURAS SÃO PARÁBOLAS

a. as falo por parábolas para que, vendo, não vejam e, ouvindo, não entendam;

   Mt 13:13: "Por isso lhes falo por parábolas; porque eles, vendo, não vêem; e, ouvindo, não ouvem nem compreendem.";

b. mas, a vós, é dado o poder de conhecer os mistérios do Reino de Deus;

   Lc 8:10-15: "10 E ele disse: A vós vos é dado conhecer os mistérios do reino de Deus, mas aos outros por parábolas, para que vendo, não vejam, e ouvindo, não entendam.

   11 Esta é, pois, a parábola: A semente é a palavra de Deus;

   12 E os que estão junto do caminho, estes são os que ouvem; depois vem o diabo, e tira-lhes do coração a palavra, para que não se salvem, crendo;

   13 E os que estão sobre pedra, estes são os que, ouvindo a palavra, a recebem com alegria, mas, como não têm raiz, apenas crêem por algum tempo, e no tempo da tentação se desviam;

   14 E a que caiu entre espinhos, esses são os que ouviram e, indo por diante, são sufocados com os cuidados e riquezas e deleites da vida, e não dão fruto com perfeição;

   15 E a que caiu em boa terra, esses são os que, ouvindo a palavra, a conservam num coração honesto e bom, e dão fruto com perseverança.".

Irmãos, o mundo, por não conhecer a Palavra de Deus, está mergulhado num caos.

Família, chama que não se apaga

Êxodo 27:20

"20 Tu pois ordenarás aos filhos de Israel que te tragam azeite puro de oliveiras, batido, para o candeeiro, **para fazer arder as lâmpadas** continuamente." (Êx 27:20).

O que isso pode significar para a família? Nesta, não deve se apagar:

1. A CHAMA DA PALAVRA

a. ela ilumina os nossos passos (Sl 119:105);
b. ela nos torna bem-sucedidos (Sl 1:3);
c. ela é alvo de estima e meditação (Sl 119:97);
d. ela deve ser estudada diariamente e transmitida aos filhos (Dt 6:4-9).

Não deve se apagar.

2. A CHAMA DA ORAÇÃO

a. é preciso vigiar, porque a carne é fraca (Mt 26:41);
b. a ligação com Deus deve ser permanente (I Ts 5:17);
c. Deus atende à oração (Jo 14:13-14);
d. especialmente quando há comum acordo (Mt 18:19).

Não deve se apagar.

3. A CHAMA DA COMUNHÃO

a. a benção da união (Sl 133);
b. onde estiverem dois ou três reunidos (Mt 18:20);
c. somos um organismo vivo, um corpo (I Co 12);

d. todos os que creram estavam juntos (At 2:44);

Não deve se apagar.

4. A CHAMA DA ESTIMA

a. doem-se mutuamente (Fp 2:4);
b. perdoem uns aos outros (Ef 4:32);
c. valorizem-se (Pv 31:28-29).

Não deve se apagar.

5. A CHAMA DO ESPÍRITO SANTO

a. o Espírito Santo de Deus;
b. o Espírito Santo é CONSELHEIRO, GUIA, AJUDADOR, INTERCESSOR (ver: Jo 14:26);
c. tenham intimidade com o Espírito Santo (Ef 5:18).

Mantenham sempre acesa a chama em sua família.

Quando vocês perceberem que a lenha está acabando, procurem-na aos pés do Senhor Jesus e Ele a dará.

Geração perseverante

INTRODUÇÃO

Como Noé conheceu Deus? *Seu avô, Matusalém, que inha 369 anos quando Noé nasceu e ainda viveu mais 600 anos, morrendo pouco antes do dilúvio, provavelmente deve ter contado a história de Enoque.*

CONCEITO DE PERSEVERANÇA:

1. QUALIDADE DE QUEM PERSEVERA; PERTINÁCIA, CONSTÂNCIA

NO QUE SER CONSTANTE?

NUM SONHO, ALVO, META, OBJETIVO OU PROPÓSITO.

COMO SER CONSTANTE?

Ideia central: PERSEVERANÇA É GERADA POR FÉ.

Porque fazemos de Noé uma referência da perseverança? O que o levou a ser perseverante? **FÉ** *"...pela fé Noé..." (*Hb 11:7)

As sfases da fé de Noé:

FASE 1 – ESPERA

- A espera é um teste de perseverança e fé.

Gênesis 7:1: *"...reconheço que és justo perante mim...".*

- É no tempo de espera que temos convicção de que o sonho é do Senhor.

Habacuque 2:3: *"Ainda não chegou o tempo certo para que a visão se cumpra; porém ela se cumprirá sem falta. O tempo certo vai chegar logo; portanto, espere, ainda que pareça demorar, pois a visão virá no momento certo".*

- ESPERA NÃO É PASSIVIDADE. *Noé esperou o dilúvio construindo a arca;*
- esperar é tática de guerra (ex.: *chineses*);
- é sempre bom esperar.

Eclesiastes 3:1: *"Existe um tempo próprio para tudo, e há uma época para cada coisa debaixo do céu... um tempo para estar calado e outro tempo para falar.".*

- A perseverança de Noé na espera foi testada duas vezes: esperou o começo do dilúvio e esperou o fim do dilúvio.
- Esperar demonstra confiança na promessa.

FASE 2 – DIFICULDADES

- Pessoas e circunstâncias são nossas maiores dificuldades no campo terreno.
- Pedro faz uma narrativa imaginária (ou inspirada) de como foi o comportamento dos contemporâneos de Noé

II Pedro 2:6: "E não poupou os que viveram nos tempos antigos antes do dilúvio, mas guardou Noé, o único a pregar a justiça, ele e mais as outras sete pessoas. Nesse tempo Deus destruiu com o dilúvio aquele mundo de gente que desprezavam Deus".

- Desencorajadores; ENTULHADORES DE POÇOS.
- Sempre vai aparecer alguém para rir de sua arca e das promessas de Deus para a sua vida.
- Pressão gera perseverança, e perseverança gera perfeição.

I Pedro 1:6-7: "6 É caso para estarem bem felizes por isso, ainda que por algum tempo sofram provações diversas.
7 Estas tribulações são apenas para provar a vossa fé, para mostrar que ela é forte e genuína. Está a ser testada como o fogo purifica o ouro. Mas a vossa fé é muito mais preciosa para Deus que o simples ouro. Por isso, se a vossa fé permanecer forte depois de testada pelo fogo, trará louvor, glória e honra no dia da vinda de Jesus Cristo."

- *"Perseverança norteia os impedimentos reais".*
- Construir um barco daquele porte era uma dificuldade (*Noé era um amador, os construtores do titanic eram profissionais*).

FASE 3 – FIM DA LINHA

- Se a fase quatro estava ruim, aperte o cinto, pois as coisas vão piorar.
- DEUS ESQUECEU NOÉ.

Gênesis 8:1: "*Lembrou-se Deus de Noé e de todos os animais que com ele estavam na arca*"

- Noé passou das dificuldades para o fim da linha;
- chegou ao momento do impossível; à hora de jogar a toalha sobre o tatame;
- à solidão total;
- ao completo abandono;
- sem enxergar nenhuma luz ao final do túnel;
- sem poder abrir a porta;
- com somente água e bafo de animal;
- reclamação de cão (*já que ele era um pouco rebelde*).
- O FIM DA LINHA É O LUGAR MAIS PROPÍCIO PARA A CONFIANÇA TOTAL E DEFINIÇÃO REAL DA PERSEVERANÇA NA PROMESSA.

II Coríntios 1:9: "Era como se nos sentíssemos já condenados a morrer, dando-nos bem conta da pouca confiança que mereciam as nossas próprias forças; e isso levou-nos a pôr tudo nas mãos de Deus, o único que pode ressuscitar os mortos";

Isaías 44:21: "*Lembra-te destas coisas, Israel, porque és meu servo. Formei-te, e não me esquecerei de ti*".

FASE 4 – MILAGRE

- ARCO-ÍRIS;
- Deus abre a porta da arca e diz: "Vem pra fora, você e sua família. Todos têm benefício. Venham ver":
- a promessa cumprida;
- o milagre realizado;
- o poder manifestado;
- um novo dia;
- um novo mundo;
- uma nova aliança;
- uma nova promessa;
- alegria pós noites sombrias.

"POSSO CHORAR UMA NOITE INTEIRA, MAS SEI QUE, PELA MANHÃ, VIRÁ A ALEGRIA" (Sl 30:5C).

- UMA NOVA GERAÇÃO PERSEVERANTE QUE ENTRARÁ PRA GALERIA DA FÉ DO CÉU!
- Você NÃO MORRERÁ!!!

Salmo 27:13: *"Estou certo de que verei, ainda nesta vida, o Senhor Deus mostrar a sua bondade"*

CONCLUSÃO

Perseverança não se explica, vive-se!

- Existem métodos de como atingir uma visão, um sonho, metas e objetivos, mas todos, seja qual for a natureza, precisam ser movidos pela fé.
- A fé do Reino diz: **DEUS DISSE** e ponto final.

Salmo 62:11: *"Deus disse uma coisa que tenho ouvido repetidas vezes, que o verdadeiro poder só a ele pertence".*

NOÉ, PELA PERSEVERANÇA MOVIDA PELA FÉ, CUMPRIU OS PROPÓSITOS DE DEUS EM SUA GERAÇÃO.

Grandes artes da vida espiritual
II Timóteo 4:7

"Combati o bom combate, acabei a carreira, guardei a fé." (II Tm 4:7).

Hb 12:1: "PORTANTO nós também, pois que estamos rodeados de uma tão grande nuvem de testemunhas, deixemos todo o embaraço, e o pecado que tão de perto nos rodeia, e corramos com paciência a carreira que nos está proposta,".

Dizem que a vida é ARTE e CIÊNCIA. Para vivê-la bem, necessitamos ser ARTISTAS e CIENTISTAS ao mesmo tempo.

Em Fp 3:13-14, Paulo nos diz: "13 Irmãos, quanto a mim, não julgo que o haja alcançado; **mas uma coisa faço, e é que, esquecendo-me** das coisas que atrás ficam, e avançando para as que estão diante de mim,

14 prossigo para o alvo, pelo prêmio da soberana vocação de Deus em Cristo Jesus.".

1. A ARTE DA CONCENTRAÇÃO: UMA COISA FAÇO

a. O grande mal da atualidade é a dispersão. Temos muitos objetivos, tarefas em demasia, muitas ações, mas todos dispersos e, às vezes, sem alvo seguro.

b. Logo, devemos aprender a arte da concentração.

- No que estamos concentrando-nos atualmente?
- O que, hoje, estamos fazendo? Isso está edificando ou prejudicando alguém? O apóstolo Paulo, em II Tm 4:7, disse: "Combati o bom combate, acabei a carreira, guardei a fé.".
- O que ou o que estou fazendo atualmente implica em como vou terminar. Começo, meio e fim.
- No que estou me concentrando agora?

Essas realmente são perguntas importantes para mim. Elas poderão ajudar no Reino de Deus, trazendo outros a conhecê-lo.

2. A ARTE DO ESQUECIMENTO: ESQUECENDO-ME

Nós temos uma grande qualidade: esquecer.

Esquecemos as coisas boas, mas alimentamos mais e mais as ruins, não é?

Por exemplo:

a. AS INJÚRIAS (imaginárias ou reais). Será que tudo o que ouvimos é verdadeiro, é honesto, é puro? Será que tudo o que ouvimos é de confiabilidade? A Palavra do Senhor diz-nos que o ódio é destrutivo e que só o amor CONSTRÓI.

b. AS TRISTEZAS: se realmente as tenho, não devo sobrecarregar os outros com elas. Remoê-las é aumentá-las sempre. Já perceberam, irmãos, que, cada vez que ouvimos algo ruim, elas nos chegam de forma diferente? Temos que aprender a arte de esquecer e colocá-las aos pés de Cristo.
c. OS DESAPONTAMENTOS: creio que, aqui, ninguém os teve um dia: nem Jesus, nem os discípulos.

Agora, quero fazer algumas perguntas a vocês e gostaria que respondessem a Deus com sinceridade.

- Adiantou ACARICIÁ-LOS?
- Você está crescendo com eles?
- Sua vida espiritual está melhorando?
- Você está mais próximo de Deus ou mais afastado?
- Adianta tê-los na memória?
- Eles trazem paz, alegria ou tristezas?

d. OS FRACASSOS: irmãos, eles, tanto quanto as vitórias, são frutos da vida. e podem transformar-se em INSPIRAÇÃO e CONQUISTAS. Portanto, não devem alimentar, mas relembrar que a mão do Senhor esteve presente contigo.

3. A ARTE DO PROGRESSO

a. Avançamos, prosseguimos. Não podemos parar. Só a morte nos deterá.
b. Quanto tenho avançado?

4. A ARTE DO ALVO EM MIRA

"Prossigo para o alvo, pelo prêmio da soberana vocação de Deus em Cristo Jesus." (Fp 3:14).

Prêmio da soberana vocação.

- Irmão, na atual situação que você se encontra, qual seria, ontem, o prêmio da sua vocação?

- Se ontem não estava bem nessas artes, ela provavelmente será o alicerce para o amanhã.
- Você já pensou nisso? O que os seus herdeiros, amanhã, terão? Quais exemplos de sua vida poderão ser benéficos para eles?

Se Jesus é o alvo, o nosso ser se renovará, a nossa missão será cumprida na terra e teremos o prêmio da nossa fidelidade.

II Tm 4:7: "Combati o bom combate, acabei a carreira, guardei a fé.".

Hb 12:1: "PORTANTO nós também, pois que estamos rodeados de uma tão grande nuvem de testemunhas, **deixemos todo o embaraço, e o pecado que tão de perto nos rodeia, e corramos com paciência a carreira que nos está proposta,**".

Há outro sentimento

Números 14:36-37

O momento que Moisés estava vivendo era muito difícil. Podemos dizer que ele estava num beco sem saída. Era, de fato, uma situação demasiado embaraçosa.

O Senhor disse ao descendente da tribo de Levi que PELEJARIA por ele.

Desde que Moisés saiu do Egito com o povo, este só se queixava. Vamos ver:

1. Nm 11:1: "Queixou-se o povo de sua sorte aos ouvidos do Senhor; ouvindo-o o SENHOR, ascendeu-se-lhe a ira.";

2. Nm 12:1: "Falaram Miriã e Arão contra Moisés, pôr causa da mulher etíope, que tomara, pois tinha tomado a mulher cusita.";

3. Nm 14:1-3: "1 Levantou-se, pois, toda a congregação, e gritou em voz alta, e o povo chorou aquela noite. 2 Todos os filhos de Israel MURMURAVAM contra Moisés e contra Arão, e toda a congregação lhes disse: Oxalá tivéssemos morrido

na terra do Egito! ou mesmo neste deserto! 3 E pôr que nos traz o Senhor a esta terra, para cairmos à espada, e para que nossas mulheres e nossas crianças sejam pôr presa? Não nos seria melhor voltarmos para o Egito?".

A apostasia do povo em Cades-Barnéia: à indiferença a todos os milagres que Deus fez por eles, os israelitas se rebelaram contra Moisés e contra Deus. Murmurar parecia ser o comportamento normal desse povo.

Dois jovens destacam-se nessa apostasia: Josué e Calebe.

Calebe, em Nm 13:30, presenciando a murmuração dos espias, diz a eles: "Eia! subamos, e possuamos a terra, porque certamente prevaleceremos contra ela.".

Notem o que os espias disseram a ele: "31 Porém os homens que com ele tinham subido, disseram: Não poderemos subir contra aquele povo, pôr que é mais forte do que nós. 32 E, diante dos filhos de Israel infamaram a terra, que haviam espiado, dizendo: A terra, pelo meio da qual passamos a espiar, é terra que devora os seus moradores, e todo os povo que vimos nela são homens de grande estatura." (Nm 13:21-32).

Calebe desejava calar a boca daqueles homens, tavez já prevendo o que poderia acontecer a eles, mas os seus apelos não adiantaram, então, ele foi até Moisés se QUEIXAR. E isso era o que mais sabiam fazer.

Diante de tão grande queixa e indignação, Moisés e Arão caíram no chão com seus rosto em terra, não acreditando no que ouviam.

Josué e Calebe rasgaram as suas vestes e falaram a toda congregação: "7 A terra pelo meio do qual passamos a espiar é terra MUITISSIMO BOA.

8 Se o Senhor se agradar de nós, então nos introduzirá nesta terra e no-la dará; terra que mana leite e mel.
9 Tão somente não sejais rebeldes contra o Senhor, e não temais o povo desta terra, porquanto são eles nosso pão. Retirou-se deles a sua defesa, e o Senhor está conosco; não os temais." (Nm 14:7-9).

Ó povo de dura cerviz, de coração duro, tinham tudo e não queriam nada.

Irmãos, faltavam apenas 15 dias de viagem e o povo poderia ter entrado no gozo que Deus preparou para eles.

A desobediência deles causou um atraso de 40 anos.

"10 Mas toda a congregação disse que fossem apedrejados. Nisso a glória do Senhor apareceu na tenda da revelação a todos os filhos de Israel.
11 Disse então o Senhor a Moisés: Até quando me desprezará este povo e até quando não crerá em mim, apesar de todos os sinais que tenho feito no meio dele?
12 Com pestilência o ferirei, e o rejeitarei; e farei de ti uma nação maior e mais forte do que ele." (Nm 14:10-12).

Deus queria aniquilar aquele povo que, pôr 10 vezes, já havia O tentado (ver: Nm14:22) e não obedeceu a sua voz. Ele propôs a Moisés um povo maior e mais forte do que aquele (ver Nm 14:12), mas isso custaria a vida de três milhões de almas.

Moisés, então, ora ao Senhor e pede por sua misericórdia e compaixão para com eles, e Deus lhe atende.

Irmãos, o perdão que Deus concede nem sempre anula as consequências dos nossos atos pecaminosos (ver: Nm 14: 20-23).

Hebreus 3:7-19: "7 Pelo que, como diz o Espírito Santo: Hoje, se ouvirdes a sua voz,

8 não endureçais os vossos corações, como na provocação, no dia da tentação no deserto,
9 onde vossos pais me tentaram, pondo-me à prova, e viram por quarenta anos as minhas obras.
10 Por isto me indignei contra essa geração, e disse: Estes sempre erram em seu coração, e não chegaram a conhecer os meus caminhos.
11 Assim jurei na minha ira: Não entrarão no meu descanso.
12 Vede, irmãos, que nunca se ache em qualquer de vós um perverso coração de incredulidade, para se apartar do Deus vivo;
13 antes exortai-vos uns aos outros todos os dias, durante o tempo que se chama Hoje, para que nenhum de vós se endureça pelo engano do pecado;
14 porque nos temos tornado participantes de Cristo, se é que guardamos firme até o fim a nossa confiança inicial;
15 enquanto se diz: Hoje, se ouvirdes a sua voz, não endureçais os vossos corações, como na provocação;

16 pois quais os que, tendo-a ouvido, o provocaram? Não foram, porventura, todos os que saíram do Egito por meio de Moisés?
17 E contra quem se indignou por quarenta anos? Não foi porventura contra os que pecaram, cujos corpos caíram no deserto?
18 E a quem jurou que não entrariam no seu descanso, senão aos que foram desobedientes?
19 E vemos que não puderam entrar por causa da incredulidade.".

O que o povo esqueceu muito rápido é que Deus conhecia a intenção dos seus corações:

Hb 4:12: "Porque a palavra de **Deus é viva e eficaz**, e mais **cortante do que qualquer espada de dois gumes**, e penetra até a divisão de alma e espírito, **e de juntas e medulas, e é apta para discernir os pensamentos e intenções do coração.**".

A palavra de Deus:

1. sendo viva, concede vida;
2. sendo eficaz, transforma o ouvinte;
3. tendo dois gumes, corta primeiramente quem a usa e, depois, aqueles que recebem seu ministério;
4. sendo cortante, traz à luz os motivos OBSCUROS do subconsciente;
5. é apta para discernir, julgar os valores.

O que havia nos corações daqueles homens?

Deus ouviu a oração de Moisés, mas não os livrou de sua consequência. Faltavam apenas 15 dias para entrarem e resultou em 40 anos de atraso, sendo impedidos de entrarem, e três milhões deixaram de usufruir dessa benção.

E aos 12 homens que foram enviados à terra, Deus disse: "36 Os homens que Moisés mandara a espiar a terra, e que, voltaram, fizeram MURMURAR toda a congregação contra ele, infamaram a terra, 37 esses mesmos homens, que infamaram a terra, morreram de praga perante o senhor." (Nm 14:36-37).

"28 Dize-lhes: Pela minha vida, diz o Senhor, certamente conforme o que vos ouvi falar, assim vos hei de fazer:

29 neste deserto cairão os vossos cadáveres; nenhum de todos vós que fostes contados, segundo toda a vossa conta, de vinte anos para cima, que contra mim murmurastes,

30 certamente nenhum de vós entrará na terra a respeito da qual jurei que vos faria habitar nela, salvo Calebe, filho de Jefoné, e Josué, filho de Num." (Nm 14:28-30).

Esses dois homens e as suas descendências foram permitidas de entrarem na terra porque havia, neles, OUTRO Espírito.

Hb 4:12-13: "12 Porque a palavra de Deus é viva e eficaz, e mais cortante do que qualquer espada de dois gumes, e penetra até a divisão de alma e espírito, e de juntas e medulas, e é apta para discernir os pensamentos e intenções do coração.

13 E não há criatura alguma encoberta diante dele; antes todas as coisas estão nuas e patentes aos olhos daquele a quem havemos de prestar contas.".

Apenas dois homens entraram na terra, "24 Mas o meu servo Calebe, porque nele houve **outro espírito**, e porque perseverou em seguir-me, eu o introduzirei na terra em que entrou, e a sua posteridade a possuirá." (Nm 14:24).

"Mas Josué, filho de Num, e Calebe, filho de Jefoné, que eram dos homens que foram espiar a terra, **SOBREVIVERAM**." (Nm 14:38).

Que OUTRO Espírito era este? E por isso sobreviveram.

Havia neles um CORAÇÃO COMPROMETIDO COM O SENHOR.

E o Espírito de Deus repousava sobre eles.

Dois homens que não desejaram andar na carne e mantiveram-se fiéis ao Senhor.

Podemos entender o porquê o povo não podia ver:

Nm 11:6 diz: "**Agora, porém, SECA-SE A NOSSA ALMA, e nenhuma coisa vemos senão este maná.**";

E, em Sl 106:15, temos: "deu-lhes o que pediram, mas enviou magreza em suas almas.";

- magreza de **sentimentos**;
- magreza de **experiências com Deus**;

- magreza nos **frutos do Espírito**;
- magreza nos **relacionamentos com o Senhor**;
- magreza na **oração e comunhão com o Senhor**;

Como poderemos vê-lo se há, em nós, outro SENTIMENTO?

Como poderemos sobreviver se há outro espírito em nós, e não o de OUSADIA, CORAGEM, PODER?

Você deseja modificar isso hoje?
Você deseja ter a porção dobrada do Espírito do Senhor?
Então, hoje, abra o seu coração para Ele, venha até Ele, e o Senhor te ajudará.

Há vitória

Apocalipse 5:1-10

Temos visto e ouvido sobre muitas guerra tanto do passado como do presente.

No passado, antes de entrarem em uma guerra, os pagãos consultavam os seus oráculos, necromantes e também a sorte (I Sm 28:3).

Os hebreus interrogavam a Deus por meio do Urim e Tumim (Nm 27:21).

Era costume levar a arca para o campo, sendo, também, oferecidos sacrifícios pela vitória.

Na Bíblia, existem referências de guerra militar (Hb 11:34), guerra moral (Tg 4:1), guerra psicológica (I Pe 2:11) e guerra espiritual (Ef 6:12).

João contempla algo maravilhoso assentado no trono: "1 Vi na destra do que estava assentado sobre o trono um livro escrito por dentro e por fora, bem selado com sete selos." (Ap 5:1).

João vê Jesus e, em sua mão direita, um livro, a única forma conhecida na época, um pergaminho, escrito por dentro e por fora, simbolizando os mistérios de Deus; um volume descrevendo seus planos, propósitos e obras.

O número de sete selos sugere, conforme o costume da época, que o livrinho era um testamento. O testamento cerrado era executado depois da morte da pessoa, perante as sete testemunhas que o selaram.

Abria-se, **lia-se** e **cumpria-se** aquilo que o testamento dispunha.

O conteúdo do rolo trata do futuro julgamento e a herança dos crentes em decorrência da morte de Jesus (I Pe 1:4).

O plano divino já tinha sido feito de maneira irrevogável. Quebrando-se os selos, prontifica-se para o desenrolar dos acontecimentos.

"2 Vi também um anjo forte, clamando com grande voz: Quem é digno de abrir o livro e de romper os seus selos?
3 E ninguém no céu, nem na terra, nem debaixo da terra, podia abrir o livro, nem olhar para ele.
4 E eu chorava muito, porque não fora achado ninguém digno de abrir o livro nem de olhar para ele.
5 E disse-me um dentre os anciãos: Não chores; eis que o Leão da tribo de Judá, a raiz de Davi, venceu para abrir o livro e romper os sete selos.
6 Nisto vi, entre o trono e os quatro seres viventes, no meio dos anciãos, **um Cordeiro em pé**, como havendo sido morto, e tinha sete chifres e sete olhos, que são os sete espíritos de Deus, enviados por toda a terra.
7 E veio e tomou o livro da destra do que estava assentado sobre o trono.
8 Logo que tomou o livro, os quatro seres viventes e os vinte e quatro anciãos prostraram-se diante do Cordeiro, tendo cada um deles uma harpa e taças de ouro cheias de incenso, que são as orações dos santos." (Ap 5:2-8).

1. QUEM É DIGNO DE ABRIR OS SELOS?

"9 E cantavam um cântico novo, dizendo: **Digno és de tomar o livro, e de abrir os seus selos; porque foste morto, e com o teu sangue compraste para Deus homens de toda tribo, e língua, e povo e nação**;
10 **e para o nosso Deus os fizeste reino, e sacerdotes; e eles reinarão sobre a terra**." (Ap 5:9-10).

Ele venceu toda a HOSTILIDADE do mundo.

2. VENCEU OS CORAÇÕES DOS SEUS SEGUIDORES

"11 E olhei, e vi a voz de muitos anjos ao redor do trono e dos seres viventes e dos anciãos; e o número deles era miríades de miríades e milhares de milhares, 12 que com grande voz diziam: Digno é o Cordeiro, que foi morto, de receber o poder, e riqueza, e sabedoria, e força, e honra, e glória, e louvor.
13 Ouvi também a toda criatura que está no céu, e na terra, e debaixo da terra, e no mar, e a todas as coisas que neles há, dizerem: Ao que está assentado sobre o trono, e ao Cordeiro, seja o louvor, e a honra, e a glória, e o domínio pelos séculos dos séculos:
14 e os quatro seres viventes diziam: Amém. E os anciãos prostraram-se e adoraram." (Ap 5:11-14).

3. ELE CONQUISTARA O MUNDO

Ap 6:16-17: "16 e disseram aos montes e aos rochedos: Caí sobre nós, e escondei-nos da face daquele que se assenta no trono, e da ira do cordeiro, 17 porque chegou o grande dia da ira deles, e quem é que pode suster-se?".

Há um propósito para a história humana

v. 1

UM LIVRO

O da história da humanidade. Ele tem um sentido, um começo, um meio e um fim.
Tem SEQUÊNCIA e CONSEQUÊNCIA.

Você já pensou no livro da sua vida?

Quando passamos os nossos olhos sobre algumas personagens da Bíblia, vemos, em seus problemas, os nossos problemas.

Ex.: Jacó: enganador (Gn 27:18-23);

Raabe: uma prostituta;

Bate-Seba e Davi: cederam ao pecado;

Salomão: manifestou fraqueza;

Ezequias: entrou em crise e foram quatro.

- o **Leão** simboliza a majestade e a realeza soberana do Messias conquistador;
- o **Cordeiro** simboliza o Messias sofredor, o Servo de Jeová que, pelo seu sangue, removeu o pecado do mundo (Is 53).

A GUERRA PELA HISTÓRIA HUMANA JÁ ESTÁ GANHA

- O livro da história está nas mãos do Cordeiro: "Veio, pois e tomou o livro da mão direita daquele que estava assentado." (Ap 5:7).

OUÇA-ME: TEU NOME ESTÁ ESCRITO NO LIVRO?

Para nós, cristãos, Jesus venceu a morte e nos deu: segurança, vitória, paz e a salvação de nossas almas.

HÁ UMA IMPOSSIBILIDADE PARA O HOMEM

"4 e eu chorava muito, porque não fora achado ninguém digno de abrir o livro nem de olhar para ele." (Ap 5:4).

- a grande questão é: QUEM É DIGNO?
- a grande constatação é: ninguém podia abrir o livro (Ap 5:3);
- a grande decepção é: "[...] eu chorava muito [...]" (Ap 5:4).

POR QUE CHORAMOS?

Choramos por nossa tristeza, por nossas lamentações, e tudo isso é causado também por nosso pecado, levando-nos a:

a. ARROGÂNCIA INTELECTUAL: superioridade mental até transformar a incredulidade em sinônimo de intelectualidade;
b. DESCRENÇA e DESOBEDIÊNCIA.

Irmãos, ouçam: nada se pode construir sobre o fundamento das negações.

Há dois órgãos de conhecimento: RAZÃO e OBEDIÊNCIA.

PARE DE CHORAR! É TEMPO DE ESPERANÇA

Jesus é digno de abrir o livro: ele é o Leão de Judá, a Raiz de Davi, o Cordeiro de Deus.

"5 E disse-me um dentre os anciãos: Não chores; eis que o Leão da tribo de Judá, a raiz de Davi, venceu para abrir o livro e romper os sete selos." (Ap 5:5).

1. **A cruz é a vitória**: "14 e havendo riscado o escrito de dívida que havia contra nós nas suas ordenanças, o qual nos era contrário, removeu-o do meio de nós, cravando-o na cruz;

    15 e, tendo despojado os principados e potestades, os exibiu publicamente e deles triunfou na mesma cruz." (Cl 2:14-15);

2. **O sangue é a vitória**: "10 [...] Agora veio a Salvação, o poder, o reino do nosso Deus e a autoridade do seu Cristo, pois foi expulso o ACUSADOR de nossos irmãos, o mesmo que os acusava de dia e de noite, diante de Deus. 11 Eles, pois, o venceram por causa do sangue do cordeiro [...]" (Ap 12:10-11);

3. **O testemunho é a vitória**: "[...] por causa do testemunho que deram, e mesmo em face da morte, não amaram a própria vida." (Ap 12:11);

4. **A ressurreição é a vitória**: "25 Eu sou a ressurreição e a vida. Quem crer em mim, ainda que morra, viverá; 26 e todo o que vive e crê em mim, não morrerá, eternamente. Crês isto?" (Jo 11:25-26).

Diante de tudo isso, temos que celebrar a vitória sobre essa guerra desde já.
O seu nome, irmão, onde estará? Estará ele ligado ao céu ou não?
Só você pode decidir.

Um sentimento de inferioridade

Filemom 1:11

O encontro do ser humano com Deus é algo inevitável.

No coração do homem, há uma sede enorme desse momento.

Esta sede sempre é consciente, mas existindo e manifestando-se das mais diferentes formas.

Em Marcos 1:16-20, encontramos os discípulos em suas atividades diárias, buscando a maneira mais prazerosa de ganhar a vida, melhorar sua situação. Quando ouviram o chamado de Jesus, largaram tudo, pois encontraram o que estavam buscando.

1. Jesus encontrou junto ao mar da galiléia: os irmãos Simão e André, que lançavam redes ao mar;

2. mais adiante, encontrou Tiago e João, que estavam concertando as redes.

Ele os chamou, e esses O seguiram.

Em Filemom, encontramos a narração de um homem que inspira a vida de muitos outros.

ONÉSIMO era escravo fugitivo de Filimom. Conheceu Paulo em Roma, onde se converteu ao cristianismo, e não demorou muito para ser um irmão de sua confiança, sendo, também, ÚTIL PARA COM DEUS.

Onésimo, na sua vida passada, antes de conhecer Jesus, estava envolvido com uma classe de escravos, e esta tinha uma condição de vida subumana, adquirindo condições animalescas. Os escravizados eram mentirosos, ladrões, ociosos, traidores, tinham ódio de seus senhores. Onésimo, dessa forma, terminou sua carreira no furto. Por isso Paulo a expressão INÚTIL.

Poderíamos dividir a vida de Onésimo em:

a. **a.C.**
b. **d.C.**

1. ONÉSIMO INCONCIENTEMENTE AGIA NA

a. tentativa de uma vida melhor. Os homens acham que, quando tiverem uma vida melhor, esta ânsia por satisfação vai terminar, mas se enganam;
b. distração e prazeres: muita gente busca, em prazeres, resolver o vazio da sua vida, mas não conseguem.

2. ONÉSIMO TEVE QUE PASSAR PELA REALIDADE DO PECADO

A realidade do pecado é quando não há CONFORMIDADE COM A VONTADE DE DEUS.

As primeiras ações são:

a. ele mente;
b. ele engana;
c. ele foge.

Onésimo estava sujeito a isso, e Paulo escreve a Filemom dizendo: "**não já como escravo, antes mais do que escravo ,como irmão amado, particularmente de mim, e quanto mais de ti, tanto na carne como também no Senhor.**" (Fm 1:16). Vemos, aqui, a vida de Onésimo d.C, depois de sua decisão ao lado de Cristo.

Podemos observar que houve uma confissão na vida de Onésimo, e confissão nada mais é do que o **RECONHECIMENTO DO PECADO EM NÓS**.

Há muitos homens que não reconhecem o seu erro – é mais fácil identificar a falha dos outros do que a minha. Eles ainda não sabem que são escravos do pecado e não se libertaram do engano da pecamidade, sua falsidade e mentira. "**Ananias não mentistes ao homens mas sim a Deus, que tudo sabe**".

a. Jesus mudou os conceitos da vida de Onésimo;
b. Jesus influenciou uma nova vida, esta cheia de alegria e oportunidades.

A confissão e o arrependimento são condições para o perdão.

Dn 9:19: "**Ó Senhor, ouve, ó Senhor, perdoa, Ó Senhor atende-nos e põe a mão a obra sem tardar, por amor de ti mesmo, ó Deus meu, porque a tua cidade (Igreja) e o teu povo se chama pelo teu nome.**";

Sl 25:11: "**Por amor de teu nome, Senhor ,perdoa a minha iniquidade,pois é grande.**".

O Senhor passou pelo mar da Galileia e viu Simão, André, Tiago e João. Poderíamos analisar a vida deles a.C e, agora, d.C: eles seguiram Jesus pelo caminho. Eles seguiram **APÓS**.

CONFISSÃO e **ARREPENDIMENTO**. Essa é a condição.

Após isso, o **PERDÃO** e a **PURIFICAÇÃO**.

Onésimo recebeu uma oportunidade única em sua vida, se ele a deixasse passar, talvez nunca mais teria uma chance como aquela. Ele apenas saberia ser a única coisa que foi em toda sua vida a.C: ESCRAVO INÚTIL.

*O perdão foi dado por Deus a ele.

- o Senhor Jesus OUVIU;
- o Senhor Jesus PERDOOU;
- o Senhor Jesus ATENDEU.

Jesus não somente OUVE, PERDOA, ATENDE, mas também PURIFICA.

"**o qual outrora te foi inútil, mas agora a ti e a mim É MUITO ÚTIL.**" (Fm 1:11).

Um homem chamado Billy Sunday disse certa vez: "*Ir a Igreja não faz de você um cristão ,assim como ir a uma garagem não faz de você um automóvel.*"

Você, Onésimo, para que vieste aqui esta noite?

Jesus está passando pelo mar da Galileia desta igreja.

Jesus está passando pelo mar da Galileia do seu coração, que tantas vezes tem chamado, mas você não tem percebido o quanto o Senhor o ama.

Honra e prosperidade

Êxodo 20:12

"Honra a teu pai e a tua mãe, para que se prolonguem os teus dias na terra que o Senhor teu Deus te dá" (Êx 20:12).

Na Bíblia, encontramos muitas passagens referentes à honra, que significa apreço ou pelas virtudes e atos, ou pela pessoa de alguém.

Honra a Deus: Sl 29:2; Pv 3:9.
Honra aos pais: Êx 20:12; Mt 15:4.
Honra aos idosos: I Tm 5:1.
Honra ao Rei: I Pe 2:17.

O QUE NÓS SABEMOS SOBRE HONRAR O PAI E A MÃE?

Irmãos, vemos muitos idosos esquecidos nos ASILOS, em pequenos APARTAMENTOS etc.

A questãos não reside no lugar em que seu pai e sua mãe estão, mas no fato de eles estarem ou não esquecidos, largados ou abandonados.
A BÍBLIA LEVA A SÉRIO O TRATAMENTO QUE OS FILHOS DÃO AOS PAIS.

1. PELO LADO POSITIVO

a. Deus estabelece uma noção: Êx 20:12;

b. prospera vida: "2 Honra a teu pai e a tua mãe (que é o primeiro mandamento com promessa), 3 para que te vá bem, e seja de longa vida sobre a terra." (Ef 6:2-3);

c. faz bem ao corpo: Ef 6:2-3.

2. PELO LADO NEGATIVO

a. nivela negativamente

I Tm 5:8: "Ora se alguém não tem cuidado dos seus e especialmente dos de sua própria casa,tem negado a fé, e é pior do que o descrente.".

Quem não HONRA seus pais não está apenas dando mau testemunho, mas também é pior que o INCRÉDULO.

b. traz maldição

Dt 27:16: "Maldito aquele que desprezar a seu pai e sua mãe. E todo o povo dirá: Amém.".

Vejam, irmãos, quantas vezes a palavra MALDITO aparece desde o versículo 15 ao 26: 12 vezes.

c. condena à morte

Lv 20:9: "Se um homem amaldiçoar a seu pai ou a sua mãe, será morto: amaldiçoou a seu pai e a sua mãe, o seu sangue caira sobre ele.".

3. QUAIS OS MODOS MAIS COMUNS DE DESONRAR OS PAIS?

a. mediante a palavras

Êx 21:17: "Quem amaldiçoar a seu pai e sua mãe,será morto. " murmuração , reclamação.".

Há crianças que ofendem os pais com palavras e até palavrões.

b. mediante a agressão

Êx 21:15: "Quem ferir a seu pai ou sua mãe, será morto.".

Existem casos de agressões físicas de filhos contra os pais.

c. mediante a finanças

Mc 7:10-13

Há muitos casos de filhos que não querem ajudar seus pais no sustento e usam o pretexto de estarem contribuindo para o Reino de Deus.

Ajudar os seus pais a terem uma velhice digna e confortável é investir no Reino também.

4. QUAIS AS MANEIRAS MAIS PRÁTICAS DE HONRAR O PAI E A MÃE?

1. tratá-los com respeito em palavras e ações;

2. cuidar materialmente;

"Mas, se alguma viúva tem filhos ou netos, aprendam, primeiro a exercer piedade para com a sua própria CASA, e a recompensa a seus PROGENITORES, pois isto é aceitavel diante de Deus." (I Tm 5:4);

"Hora, se alguém não tem cuidado dos seus e especialmente dos de sua própria casa, tem negado a fé, e é pior do que o descrente." (I Tm 5:8).

3. na velhice deles, dar-lhes atenção;

Irmãos, **HONRAR** pai e mãe é o primeiro mandamento com promessa e, consequentemente, o primeiro passo para uma vida próspera.

Que Deus nos dê amor e ensine-nos a ajudar os de nossa casa para que sejamos felizes e prósperos.

Igreja com um propósito
Números 23:19

"**Deus não é homem, para que minta; nem filho do homem, para que se arrependa; porventura diria ele, e não o faria? Ou falaria, e não o confirmaria?**" (Nm 23:19).

Hb 6:18-20: 18 **Para que por duas coisas imutáveis, nas quais é impossível que Deus minta, tenhamos a firme consolação, nós, os que pomos o nosso refúgio em reter a esperança proposta;**

19 **A qual temos como âncora da alma, segura e firme, e que penetra até ao interior do véu,**

20 **Onde Jesus, nosso precursor, entrou por nós, feito eternamente sumo sacerdote, segundo a ordem de Melquisedeque.**".

Deus, aqui, ensina-nos que Ele não voltará atrás naquilo que pronunciou e que tem poder para cumprir totalmente tudo aquilo que, na SUA PALAVRA, PROMETEU.

Por si mesmo, jurou que vai REDIMIR os seus eleitos e cumprir as suas promessas (Rm 4:21: "*E estando certíssimo de que o que ele tinha prometido também era poderoso para o fazer.*").

O Senhor prometeu aceitar todos aqueles que vierem a Ele, dando-lhes a vitória sobre o pecado e a ressurreição gloriosa entre os mortos.

Deus não mente (Tt 1:2: "*Em esperança da vida eterna, a qual Deus, que não pode mentir, prometeu antes dos tempos dos séculos;*").

Irmãos, em Nm 23:20, nos é dito: "Eis que recebi mandado de abençoar; pois ele tem abençoado, e eu não o posso revogar.".

Sabemos, amados, que muitas bênçãos do Senhor, nosso Deus, são administradas por instrumentos humanos. Muitos crentes são DESPERTADOS e EDIFICADOS por evangelistas, pastores e ensinadores cristãos. Do verso 21 ao 24 de Números, nos são revelados nove bênçãos que Deus concede ao seu povo:

1) A JUSTIFICAÇÃO:

(v. 21): "Não viu iniqüidade [...]"

Rm 8:1: "PORTANTO, agora nenhuma condenação há para os que estão em Cristo Jesus, que não andam segundo a carne, mas segundo o Espírito".

2) A COMUNHÃO COM DEUS:

(v. 21): "[...]; o SENHOR seu Deus é com ele,[...]".

3) A VITÓRIA:

(v. 21): "[...] e no meio dele se ouve a aclamação de um rei.".

Pela fé, o salvo tem a vitória sobre o mundo e APRENDE a CLAMAR, em tudo, Cristo como vencedor.

I Jo 5:4: "Porque todo o que é nascido de Deus vence o mundo; e esta é a vitória que vence o mundo, a nossa fé.".

4) A REDENÇÃO:

(v. 22): "Deus os tirou do Egito; [...]".

A verdadeira Israel espiritual foi redimida em tudo.

Gl 3:13: "Cristo nos resgatou da maldição da lei, fazendo-se maldição por nós; porque está escrito: Maldito todo aquele que for pendurado no madeiro;".

5) A FORÇA:

(v. 22): "[...] as suas forças são como as do boi selvagem.".

Essa força provém de Jesus Cristo, nosso Senhor e Rei.

Ef 6:10: "No demais, irmãos meus, fortalecei-vos no Senhor e na força do seu poder.".

6) A IMUNIDADE ÀS ARTES DO DIABO:

(v. 23): "[...] não vale encantamento, [...]".

I Jo 5:18: "Sabemos que todo aquele que é nascido de Deus não peca; mas o que de Deus é gerado conserva-se a si mesmo, e o maligno não lhe toca.".

7) SER PARTE DO PLANO DE DEUS:

(v. 23): "[...] Que coisas Deus tem realizado!", OU QUE COISAS TEM FEITO O SENHOR!

(v. 24): "Eis que o povo se levantará como leoa, e se erguerá como leão; não se deitará até que coma a presa, e beba o sangue dos mortos.".

8) A INVENCIBILIDADE:

(v. 24): se ergue como leão.

Jesus Cristo, o Leão da tribo de Judá (Ap 5:5).

O Senhor leva os PROPÓSITOS DE SEU POVO AO SUCESSO FINAL.

9) O DESCANSO FINAL:

(v. 24): não se deita até que devore a presa.

Rm 16:20: "E o Deus de paz esmagará em breve Satanás debaixo dos vossos pés. A graça de nosso Senhor Jesus Cristo seja convosco. Amém.".

Nesse capítulo de Números, encontramos, então, conforme dito anteriormente, as nove bênçãos que Deus concede ao seu povo. São elas:

A JUSTIFICAÇÃO; A COMUNHÃO COM DEUS; A VITÓRIA; A REDENÇÃO; A FORÇA; A IMUNIDADE ÀS ARTES DO DIABO; SER PARTE DO PLANO DE DEUS; A INVENCIBILIDADE; e O DESCANSO FINAL.

Irmãos, não é do propósito de Deus que as igrejas sejam pequenas, porque o plano do Senhor é o mundo.

Vamos abrir em Mc 4:30-32 e ver o que o Senhor nos diz:

"30 E dizia: A que assemelharemos o reino de Deus? ou com que parábola o representaremos?

31 É como um grão de mostarda, que, quando se semeia na terra, é a menor de todas as sementes que há na terra;

32 Mas, tendo sido semeado, cresce; e faz-se a maior de todas as hortaliças, e cria grandes ramos, de tal maneira que as aves do céu podem aninhar-se debaixo da sua sombra.".

A parábola da mostarda revela outro aspecto do reino: o crescimento rápido e útil apesar de um começo bastante humilde.

Jesus fala aos discípulos por meio de uma parábola, expondo a eles como é o Reino de Deus:

1. É COMO UM GRÃO DE MOSTRADA

- É a menor de todas as sementes, quase não da para ver, nem perceber.

Mostarda

Fibrosa de cheiro forte e sabor muito picante. As folhas e os talos constituem excelente alimento que estimula o metabolismo e reforça as defesas orgânicas.

Se você colocar essa semente em sua mão, de tão pequena, não dá para vê-la, nem perceber que segura algo.

O que o Senhor coloca em nossas mãos pode ser, hoje, tão pequeno aos nossos olhos e difícil de acreditar, mas Ele, confiando em nós, colocou-nos numa missão, num sonho.

- Você acredita no ministério que Deus colocou em sua mão, na sua vida, na sua Igreja?

2. TEM SIDO SEMEADO

Para ser semeado, eu necessito de alguém que acredite na SEMENTE e saia a semear.

E essa pequena semente, que, aos nossos olhos, ainda é muito pequena, virá a CRESCER, CRESCER, CRESCER e CRESCER, fazendo-se a MAIOR DE TODAS AS HORTALIÇAS, vindo criar grandes ramos.

Estes ramos, por sua vez, poderão ser novos horizontes, novos trabalhos, novos desafios, novos empreendimentos para o Reino de Deus.

3. PODEM ANINHAR-SE DEBAIXO DA SUA SOMBRA

", de tal maneira que as aves do céu podem aninhar-se debaixo da sua sombra." (Mc 4:32).

Isso significa que muitos poderão usufruir dessa que, hoje, é uma pequena semente e, amanhã, poderá ser uma grande hortaliça, encontrando, debaixo de sua sombra, SOCORRO, DESCANDO, ESPERANÇA, AMOR e ABRIGO.

Deus colocou em nossa mãos uma pequena semente.

Deus colocou em nossas mãos um propósito. Você acredita nele?

Uma Igreja com propósito:

- Qual é o seu propósito?
- Deus concede nove ao seu povo, a fim de cultivar uma Igreja com propósitos, semeadoura:

1. A JUSTIFICAÇÃO;

2. A COMUNHÃO COM DEUS;

3. A VITÓRIA;

4. A REDENÇÃO;

5. A FORÇA;

6. A IMUNIDADE ÀS ARTES DO DIABO;

7. SER PARTE DO PLANO DE DEUS;

8. A INVENCIBILIDADE;

9. O DESCANSO FINAL.

Qual é a semente que você tem em suas mãos?

Ingredientes indispensáveis para a realização da obra de deus

Deuteronômio 5:6

"Eu sou o SENHOR teu Deus, que te tirei da terra do Egito, da casa da servidão;" (Dt 5:6).

1. ORAÇÃO

Esse é o segundo ingrediente indispensável para a obra de Deus.

- Jesus teve VISÃO ao iniciar seu ministério, mas, depois de ser batizado e ungido pelo Espírito Santo no Jordão, a primeira coisa que fez foi ir ao deserto para ORAR e jejuar por 40 dias;
- cada manhã, iniciava o dia orando (Mc 1:35);
- às vezes passava a noite orando (Lc 6:12).
- mas por que Jesus orava se era filho de Deus?
- POR QUE NÓS DEVEMOS ORAR ?

1. porque somos absolutamente incapazes de realizar a visão (qualidade, unidade e quantidade);

2. porque Deus é o único poderoso e capaz de edificar tal Igreja: "20 Ora, àquele que é poderoso para fazer tudo muito mais abundantemente além daquilo que pedimos ou pensamos, segundo o poder que em nós opera," (Ef 3:20);
3. porque Deus o fará tão somente se o pedimos em oração (Mt 18:8-19).

2. RELACIONAMENTOS FIRMES

A terceira coisa que Jesus fez ao iniciar seu ministério foi construir relacionamentos firmes com 12 discípulos. Para isso, assumiu a responsabilidade de estar com eles para formar e ensinar com o seu exemplo e a sua palavra, e eles firmaram o compromisso de se sujeitarem ao Senhor e serem seus discípulos.

A obra de Deus faz-se com base em relacionamentos firmes, os quais significam:

1. relacionamentos pessoais definidos;
2. relacionamentos comprometidos.

A) OS RELACIONAMENTOS FIRMES FUNCIONAM EM TRÊS NÍVEIS

- com pessoas mais experientes (em sujeição e compromisso);
- com iguais (em sujeição mútua) (II Tm 2:2);
- com mais novos no evangelho (em responsabilidade) (Ef 5:21; 1 Pe 5:5).

B) DIFERENTES RELACIONAMENTOS

- pastores sujeitos entre si;
- líderes sujeitos a pastores e sujeitos entre si;
- líderes de células sujeitos a pastores e líderes e sujeitos entre si;
- discípulos sujeitos a seus discipuladores;

É IMPORTANTE QUE CADA IRMÃO TENHA UM OU DOIS IGUAIS EM SUJEIÇÃO MÚTUA, COM OS QUAIS FORME UMA EQUIPE.

- todos os membros do corpo devem ter relacionamentos firmes com irmãos mais velhos, com iguais e com mais novos;

- todo corpo deve ser bem ajustado e unido entre si por todas as juntas (Ef 4:16; Cl 2:19).

C) A BASE DOS NOSSOS RELACIONAMENTOS

A base das nossas relações tanto com irmãos mais experientes como com iguais e, ainda, com os mais novos deve ter como base a atitude do Senhor Jesus descrita em Filipenses 2:2-8:

"*2 completai o meu gozo, para que tenhais o mesmo modo de pensar, tendo o mesmo amor, o mesmo ânimo, pensando a mesma coisa; 3 nada façais por contenda ou por vanglória, mas com humildade cada um considere os outros superiores a si mesmo; 4 não olhe cada um somente para o que é seu, mas cada qual também para o que é dos outros. 5 Tende em vós aquele sentimento que houve também em Cristo Jesus, 6 o qual, subsistindo em forma de Deus, não considerou o ser igual a Deus coisa a que se devia aferrar, 7 mas esvaziou-se a si mesmo, tomando a forma de servo, tornando-se semelhante aos homens; 8 e, achado na forma de homem, humilhou-se a si mesmo, tornando-se obediente até a morte, e morte de cruz*".

- atitude de unidade (v.2): ser um com o irmão;
- atitude de sujeição (v. 7): Jesus sujeitou-se ao Pai mesmo sendo igual;
- atitude de servo, não de senhor (v. 7);
- atitude de humildade (v.3,8);
- atitude de amor sacrificial, e não de egoísmo (v.4,8).

Somente com base no ESPÍRITO DE CRISTO em nós, é possível construir relacionamentos para chegar à verdadeira unidade do corpo.

3. ESTRATÉGIA

Em Ef 4:7-16, é apresentada a estratégia de Deus para a **edificação da VISÃO**:

- aqui, a figura dominante é a Igreja como CORPO, sua dimensão funcional;
- Cristo é a CABEÇA, e cada filho de Deus é um MEMBRO ou uma parte do corpo;
- OBJETIVO DA CABEÇA: a **edificação do corpo**. Esse objetivo inclui estas três características: qualidade, unidade e quantidade;

- PLANO DA CABEÇA: usar, para a edificação do corpo, TODOS os membros.

A) FUNÇÃO DA CABEÇA

1. governar o corpo – cada membro;
2. dar vida ao corpo – a cada membro, até enchê-lo por completo (Ef 1:23; 3:19; 4:10);
3. dar crescimento ao corpo – a cada membro (Ef 4:15-16);
4. dar dons – dotar de graça (habilidade) cada membro para a sua função (Ef 4:7-8);
5. constituir uns como apóstolos (A.), outros como profetas (P.), alguns como evangelistas (E.) e outros como pastores e mestres (P.-M.). Tudo isso é função da CABEÇA, e não nossa.

4. AÇÃO

O ingrediente decisivo para realizar a obra é a ação. Se não há uma ação, não há uma obra. A *visão*, a *oração*, os *relacionamentos* e a *estratégia* são para que caminhemos à ação. "...Jesus começou a **fazer** e a **ensinar** ..." (At 1:1).

A. A SÍNTESE DA AÇÃO (MT 28:18-20)

Há três verbos que sintetizam a ação que a Igreja deve desenvolver desde o Pentecostes até a segunda vinda de Cristo:

- **PREGAR** (a todos); **BATIZAR** (os que crêem) e **ENSINAR** (os que se batizam).

Essas três palavras resumem a expressão *FAZER DISCÍPULOS*.

- A ponta de lança da ação é a **evangelização** (quantidade), e o que segue é o **discipulado**, que produzirá a *qualidade* e a *unidade* dos discípulos.

Deuteronômio 5:1-7:

1 E CHAMOU Moisés a todo o Israel, e disse-lhes: Ouve, ó Israel, os estatutos e juízos que hoje vos falo aos ouvidos; e aprendê-los-eis, e guardá-los-eis, para os cumprir.

2 O SENHOR nosso Deus fez conosco aliança em Horebe.

3 Não com nossos pais fez o SENHOR esta aliança, mas conosco, todos os que hoje aqui estamos vivos.

4 Face a face o SENHOR falou conosco no monte, do meio do fogo

5 (Naquele tempo eu estava em pé entre o SENHOR e vós, para vos notificar a palavra do SENHOR; porque temestes o fogo e não subistes ao monte), dizendo:

6 Eu sou o SENHOR teu Deus, que te tirei da terra do Egito, da casa da servidão;

7 Não terás outros deuses diante de mim;

Intercedendo a favor do Reino de Deus

Salmos 132

Estamos num tempo marcado por duas grandes bênçãos: abundância de revelação e espírito de oração e súplicas.

Precisamos prosseguir e não perder essas bênçãos com a impressão de que "já temos tudo". A vinda do Reino de Deus precisa ser conquistada com oração intensa.

Priorizando o mover de Deus, a restauração da sua glória em nosso meio (Sl 132:3-5)

"não darei [...] repouso [...]"(Sl 132:4) (ver: Is 62:6,7)

O quanto realmente amamos a glória do Senhor?

Buscando a glória de Deus (Sl 132:6)

1. ter disposição de ir, o que significa pagar um preço, aprender a maneira certa de carregar a arca, romper com estruturas e tradições;

"Ouvimos dizer [...] e a encontramos [...]" (Sl 132:6): não se limitaram a ouvir. (ver: Ne 1:2; 2:5). Neemias viu a restauração de Jerusalém porque não se limitou a ouvir!

2. não havia glória na arca que repousava em Quiriate-Jearim, mas o povo creu que Deus a restauraria a uma posição de glória.

Precisamos crer que o mover do Espírito vai curar a Igreja dividida e fraca de nossos dias e transformá-la em depósito da glória de Deus.

Aprendendo a intercessão que traz o Reino (Sl 132:7-18)

1. marcada pela adoração (v. 7-9). Muito do que experimentaremos neste tempo não será conquistado apenas por meio da intercessão (note a tendência de fazer desta tudo muito presente há algum tempo no mover de guerra espiritual), mas à medida que aprendemos a adorar e entramos numa adoração genuína em Espírito e em verdade;

2. dependente da fidelidade de Deus (v. 10). A base do clamor do povo era: "Deus vai fazer, porque Ele ama a Davi!". Lembrar que Davi funcionava no Velho Testamento como um tipo do Senhor Jesus. Deus vai cumprir seus propósitos para com a Igreja por causa de Jesus (ver: Is 53:11,12; 2 Co 11:2);

3. confiante na Palavra de Deus (v. 11,13-18). Os versículos 11 e 14-18 citam palavras do Senhor, e relembrar o Senhor das suas próprias palavras é uma das melhores maneiras de intercedermos. Quando recordamos as palavras e as promessas de Deus, lembramo-nos de que Ele é o "[...] Deus que não pode mentir [...]" (Tt 1:2). Aleluia!

Tomando parte em meio a isso (Sl 132:12,18)

1. A promessa do versículo 11 de Salmos 132 é incondicional e aponta para Jesus. A do 12 é condicional e aponta para nós, condicionando-nos a guardar a aliança e o testemunho do Senhor. Há a necessidade de perseverar (Hb 10:35,36). Temos vitória por meio da palavra do testemunho (Ap 12:11) (ver também: Jo 14:21).

2. Uma palavra de promessa: enquanto os inimigos são destruídos, a coroa do Senhor florescerá. Essa coroa somos nós (Fp 4:1). Florescemos pela graça do Senhor enquanto vivemos uma vida de dependência Nele e em comunhão com Ele (Is 60:21, 61:3; Sl 1:3).

3. "[...] **Nem olhos viram, nem ouvidos ouviram, nem jamais penetrou em coração humano o que Deus tem preparado para aqueles que o amam.**" (1 Co 2:9).

Jó e sua família

Jó 1:1-5

O temor ao Senhor é o começo da sabedoria e foi o sinete da qualidade de Jó.

"1 Havia um homem na terra de Uz, cujo nome era Jó
[Uz era a terra natal de Jó, fica em algum lugar a leste de Canaã. Era uma região de cidades, fazendas e rebanhos migrantes]
Era homem íntegro e reto, que temia a Deus e se desviava do mal.
[Homem íntegro e reto não se refere à perfeição sem pecado, mas à integridade sincera, especialmente à lealdade para com a aliança. Havia uma HARMONIA honesta entre a sua profissão de fé e a sua vida]
2 Nasceram-lhe sete filhos e três filhas.
3 Possuía ele sete mil ovelhas, três mil camelos,
quinhentas juntas de bois e quinhentas jumentas, tendo
também muitíssima gente ao seu serviço; de modo que
este homem era o maior de todos os do Oriente." (Jó 1:1-3).

Esses filhos foram ceifados por satanás, mas Deus lhe recompensou e deu-lhe mais sete filhos. Sua fazenda também lhe foi ceifada.

- sete mil ovelhas: Deus lhe deu 14 mil. A lã desses animais daria para enriquecer qualquer fazendeiro;

- três mil camelos: Deus lhe deu seis mil;

- quinhentas juntas de boi para arar a terra: Deus lhe deu 1.000 – seriam, hoje, 1.000 tratores para arar a terra;

- quinhentas jumentas: Deus lhe deu 1.000, que, hoje, seriam caminhões menores 608.

- Deus deu-lhe muitos empregados na fazenda.

- Jó ainda viveu a primeira, segunda, terceira e quarta gerações e pode ver, por causa de sua fé, seus NETOS, BISNETOS, TETRANETOS e QUATRANETOS. Quem já viu uma coisa dessas na História?

- Ele tinha 50 anos quando adoeceu, mas viveu mais 140. Então, Jó morreu com 190 anos;

- Era um homem íntegro e reto e tinha uma grande preocupação para com a sua família. Seus filhos tinham o costume de ir à casa de seus amigos e dar grandes festas.

"4 Iam seus filhos à casa uns dos outros e faziam banquetes cada um por sua vez; e mandavam convidar as suas três irmãs para comerem e beberem com eles. 5 E sucedia que, tendo decorrido o turno de dias de seus banquetes, enviava Jó e os santificava; e, levantando-se de madrugada, oferecia holocaustos segundo o número de todos eles; pois dizia Jó:

Talvez meus filhos tenham pecado, e blasfemado de Deus no seu coração. Assim o fazia Jó continuamente." (Jó 1:4-5).

A preocupação de Jó era que TALVEZ seus filhos tivessem pecado contra o Senhor em seus corações. Jó, então, SANTIFICAVA-os por meio de holocausto. Como chefe da família, ele exercia O SACERDÓCIO PASTORAL FAMILIAR. Jó ansiava pela SANTIFICAÇÃO DE SUA FAMÍLIA.

Em I Pe 1:14-16 temos: "14 Como filhos da obediência, não vos moldeis às paixões que tínheis anteriormente na vossa ignorância,

15 pelo contrario, segundo é SANTO aquele que vos chamou, tornai-vos santos também vós mesmos em todo o vosso procedimento.

16 Porque está escrito: Sede santos, porque eu sou santo.".

Aqui, encontramos um padrão característico para o cristão:

1. OBEDIÊNCIA A DEUS

I Pe 1:22: "22 Já que tendes purificado as vossas almas na obediência à verdade, que leva ao amor fraternal não fingido, de coração amai-vos ardentemente uns aos outros,".

a. amor fraternal: sua fonte: a alma purificada;
b. sua matéria: seguindo a verdade;
c. sua natureza: ser genuíno, de coração ardente.

INTENSAMENTE: "Acima de tudo, porém, tende amor intenso uns para com os outros. Porque o maior cobre multidão de pecados." (I Pe 4:8).

OBEDIÊNCIA A DEUS em lugar da antiga vida de rebelião. "Como filhos da obediência, não vos moldeis as paixões quer tínheis anteriormente na vossa ignorância."(I Pe 1:14)

Por isso Jó preocupava-se com sua família e levava-os a um desejo de santificação.

Portanto as nossas decisões não podem ser como antes, conforme os rumos deste mundo e seus prazeres.

"[...] chamava Jó os seus filhos e os santificava [...]" (Jó 1:5).

"[...] TALVEZ tenham pecado os meus filhos contra Deus em seu coração. [...]" (Jó 1:5).

Nós temos que tomar algumas decisões:

a. DE SER ADORADOR

"Cantarei a bondade e a justiça a Ti, cantarei" (Sl 101:1).

Davi estava vivendo um clima de posse como rei de Israel, porém ele tinha em mente que o seu chamado principal não era para ser rei, e sim um ADORADOR.

Jo 4:23-24: "23 Mas vem a hora e já chegou quando os verdadeiros adoradores adorarão o Pai em espírito e em verdade, porque são estes que o Pai procura para seus adoradores. 24 Deus é espírito e importa que seus adoradores no adorem em espírito e em verdade.";

II Co 29:11: "Filhos, não sejais negligentes, pois op Senhor vos escolheu para estardes diante dele para o servirdes, para serdes seus ministros e queimardes incenso.";

I Pe 2:9: "Vós, porém sois raça eleita, sacerdócio real, nação santa, povo de propriedade exclusiva de Deus, a fim de proclamardes as virtudes daquele que vos chamou das trevas para a sua maravilhosa luz.".

b. DE APERFEIÇOAR O CARÁTER

"Portar-me-ei sabiamente no caminho reto. Oh, quando virás ter comigo?" (Sl 101:2a). Em outra tradução diz: "Quero seguir pelos caminhos da honestidade.".

A honestidade CONSISTENTE não acontece facilmente. Mesmo entre crentes, muitas vezes escorregamos em mentiras e meias verdades.

Ef 4:25: "Por isso, deixando a mentira, fale cada um a verdade com seu próximo, porque somos membros uns dos outros.".

c. DE DAR UM BOM TESTEMUNHO FAMILIAR

"Andarei em minha casa com integridade de coração." (Sl 101:2b).

Em I Sm 16:7, temos: "Não atentes para a sua aparência, nem para a sua altura, porque o rejeitei, porque o Senhor não vê como vê o homem. O homem vê o EXTERIOR, porém o Senhor o CORAÇÃO.".

Devemos mostrar ao Senhor o nosso interior, porque, certamente, cedo ou tarde, o Senhor chamar-nos-á para prestar nossas contas a Ele.

d. DE RENOVAR O SEU INTERIOR

(MENTE): "Não porei coisa injusta diante de meus olhos" (Sl 101:3a).

Se formos INFLUENCIADOS por aquilo que vemos, certamente deixaremos de refletir a luz do Senhor em nós (ver: Mt 6:22-23).

Por isso o salmista diz: nada disso se me apegará. A verdadeira santidade começa no nosso interior e será refletida no exterior.

3. O TEMOR A DEUS

II Co 7:1: "Ora. Amados, visto que temos tais promessas, purifiquemo-nos de toda a impureza tanto da CARNE, como do ESPÍRITO, aperfeiçoando a nossa santificação no temor de Deus.".

Não deve haver, entre os cristãos, INDIFERENÇA, mas sim DIFERENÇA.

- Você é diferente?
- Você é diferente no Espírito ou na carne?

Amados irmãos, somos trabalhados, a cada dia, pelo ESPÍRITO DE DEUS.

Lembrai-vos da mulher de Ló

Lucas 17:32

Encontramos o relato dessa história em Gn 19:15-26.

"15 Ao amanhecer, apertaram os anjos a Ló, dizendo: Levanta-te, toma a tua mulher e tuas duas filhas, que aqui se encontram, ,para que não pereças no castigo da cidade.

16 Como porém, se demorasse, pegaram-no os homens pela mão ,a ele, a sua mulher e as duas filhas, sendo-lhe o Senhor MISERICORDIOSO, e o tiraram e o puseram fora da cidade.

17 Havendo-os levado fora: disse um deles: Livra-te, salva a TUA VIDA, NÃO OLHES PARA TRÁS, NEM PARES EM TODA A CAMPINA, FOGE PARA O MONTE, PARA QUE NÃO PEREÇAS." (Gn 19:15-17).

"E a mulher de Ló olhou para trás e converteu-se numa estátua de sal." (Gn 19:26).

No Novo Testamento, em Lucas 17, Jesus fez esse relato dirigindo-se primeiramente aos fariseus – no versículo 20 –, e, logo depois, aos discípulos.

LEMBRAI-VOS DA MULHER DE LÓ: UMA VISÃO DISTORCIDA

1. UM AVISO MUITO IMPORTANTE

a. porque foi feito por Jesus;
b. porque é o único em seu gênero (lembrai-vos);
c. porque se relaciona com a segunda vinda;
d. porque foi dirigido aos discípulos.

2. OS PRIVILÉGIOS DA MULHER DE LÓ

a. era esposa de um homem justo;
b. era sobrinha do grande Abraão;
c. era conhecedora das revelações de Deus;
d. conhecia Melquisedeque.

3. OS PECADOS DA MULHER DE LÓ

a. ela pecou com o seu olhar;
b. ela pecou com o seu coração;
c. ela pecou com o seu amor por Sodoma;
d. ela pecou com a sua desobediência.

4. O FIM DA MULHER DE LÓ

a. nunca conheceu a cidade para a qual foi o seu marido;
b. não teve o direito de morrer naturalmente;
c. foi transformada em uma estátua de sal;
d. ela morreu sem oportunidade de se arrepender, era muito tarde.

Será muito tarde para você?

Amigos, hoje em dia, a dificuldade de muitos é o problema de **UMA VISÃO DISTORCIDA**.

Irmãos, qual destes dois mapas é o correto?

(Mapas) Esta é UMA VISÃO DISTORCIDA. O mundo deseja homens carnais; o diabo deseja que você veja de modo DISTORCIDO.

Jesus, em Marcos 8:23-25, na cura de um cego,s diz-nos o seguinte: "23 Jesus, tomando o cego pela mão, levou-o para fora da aldeia e, aplicando-lhe saliva aos olhos e impondo-lhes as mãos, perguntou-lhe: **Vês alguma coisa?**

24 Este, recobrando a vista, respondeu: **Vejo os homens, porque como árvores os vejo andando.**

25 Então novamente lhe pos AS MÃOS nos olhos, e ele, PASSANDO A VER CLARAMENTE, ficou RESTABELECIDO, e tudo DISTINGUIA de modo PERFEITO.".

1. **pôs-lhe as mãos;**
2. **passou a ver claramente;**
3. **ficou RESTABELECIDO;**
4. **tudo distinguia;**
5. **de modo perfeito.**

Veja o que diz a Palavra do senhor:

1. Mt 6:23: "se, porém, os teus olhos forem maus, todo o teu corpo estará em trevas. Portanto, caso A LUZ QUE EM TI HÁ SEJAM TRVAS, QUE GRANDES TREVAS SERÃO.";

2. Mt 15:14: "Deixai-os: são cegos, guias de cegos. Ora, se um cego guia outro cego, cairão ambos no barranco.";

3. II Co 4:4: "Nos quais o deus deste século cegou os entendimentos dos incrédulos, para que lhes NÃO resplandeça a luz do EVANGELHO da Glória de Cristo, que é a imagem de Deus.";

4. Ef 4:18: "Obscurecidos de ENTENDIMENTO, alheios à vida de Deus, por causa da IGNORÂNCIA EM QUE VIVEM, pela dureza dos seus corações.".

UMA VISÃO DISTORCIDA

Irmãos, infelizmente, há muitos homens como a mulher de Ló: vivos, petrificados como uma estatua de sal, com uma VISÃO DISTORCIDA.

Jesus quer abrir os seus olhos como abriu os do cego. "**Vejo os homens, porque como árvores os vejo andando**." (Mc 8:24b).

Quando Paulo encontrou-se com Jesus na estrada de Damasco, disse:

"15 Quem és tu, Senhor? Ao que o senhor respondeu: Eu sou Jesus, a quem tu persegues.

16 Mas levanta-te e firma-te sobre os teus pés, porque por isto te APARECI para te constituir ministro e testemunha, tanto das coisas em que me VISTE como daquelas pelas quais te APARECEREI AINDA.

17 Livrando-te do povo e dos gentios, para os quais eu te envio.

18 Para LHES ABRIR OS OLHOS e CONVERTER-VOS das trevas para a luz e da POTESTADE DE SATANÁS para DEUS ,a fim de que recebam eles REMISSÃO de pecados e herança entre os que são santificados pela fé em mim." (At 26:15-18).

Jesus tem poder para remover a VISÃO DISTORCIDA, mostrar as outras fotos.

- Será que nós temos uma visão distorcida?
- Será que os nossos olhos vêem alguma coisa com clareza?

Deus deseja que você olhe, mas olhe para Cristo, o nosso Senhor.

Mantendo a unidade nas adversidades

Fp 1:27-30: "27 Vivei, acima de tudo, por modo digno do evangelho de Cristo, para que, ou indo ver-vos ou estando ausente, ouça, no tocante avós outros, que estais firmes em só espírito, como uma só alma, lutando juntos pela fé evangélica, 28 e que em nada estais intimidados pêlos adversários. Pois o que é para eles prova evidente de perdição é, para vós outros, de salvação, e isto da parte de Deus. 29 Porque vos foi concedido a graça de padecerdes por Cristo e não somente de crerdes nele, 30 pois tendes o mesmo combate que vistes em mim e, ainda agora, ouvis que é o meu.".

O BOM ESTADO DO CORAÇÃO VENCE O MUNDO EXTERIOR.

QUALIDADE DESSE COMPORTAMENTO

- firmeza em um só Espírito;

"Vivei, acima de tudo, por modo digno do evangelho de Cristo, para que, ou indo ver-vos ou estando ausente, ouça, no tocante avós outros, que estais firmes em só espírito [...]" (Fp 1:27).

- firmeza em uma só alma;

"[...], como uma só alma, [...]" (Fp 1:27).

- firmeza, lutando juntos pela fé.

"[...] lutando juntos pela fé evangélica, 28 e que em nada estais intimidados pêlos adversários." (Fp 1:27-28a).

Nessa luta, para alguns, pode parecer que estamos perdidos e destruídos, mas o Senhor garante-nos a vitória.

"[...] para vós outros, de salvação, e isto da parte de Deus." (Fp 1:28).

Nós, cristãos, temos que entender que, neste mundo, encontraremos ADVERSIDADES, mas, pelo estado do meu coração, ele tem condições de vencer o mundo EXTERIOR.

- Será que há alguém que gosta de padecer?

"Porque vos foi concedido a graça de padecerdes por Cristo" (Fp 1:29a).

Para vencer as lutas internas e externas, há algumas condições:

1. NOSSA CONDUTA

I Jo 3:23: "Ora, o seu mandamento é este, que creiamos no nome de seu filho jesus Cristo, e nos amemos uns aos outros, como ele nos (amou) ordenou.".

2. UMA VIDA COERENTE

I Tm 3:7: "Também é necessário que tenha bom testemunho dos que estão de fora, para que não caia em opróbrio (vergonha), e no laço do diabo.".

3. LUTAS ESPIRITUAIS

Lc 12:24: "Esforçai-vos por entrar pela porta estreita, pois eu vos digo que muitos procurarão entrar e não poderão.".

4. UMA GUERRA ESPIRITUAL

Que é contra;

a. a carne;
Rm 7:23: "mas vejo, nos meus membros, outra lei que, guerreando contra a lei do pecado que está nos meus membros.".

b. os inimigos;
Sl 38:19: "Mas os meus inimigos são vigorosos e fortes e são muitos os que sem causa me odeiam".

c. o mundo;

Jo 16:33: "Estas coisas vos tenho dito para que tenhais paz em mim. No mundo, passais por aflições, mas tende bom ânimo, eu venci o mundo.".

d. a morte:

Hb 2:14-15: "14 Visto pois, que os filhos tem participação comum de carne e sangue, destes também ele, igualmente, participou, para que, por sua morte, destruísse aquele que tem o poder da morte, a saber, o diabo, 15 e livrasse todos que, pelo pavor da morte, estavam sujeitos à escravidão por toda a vida.".

Irmãos, todos temos o mesmo combate, as mesmas ADVERSIDADES, mas necessitados manter a UNIDADE DO ESPÍRITO em nós, na família, na Igreja.

"e não somente de crerdes nele, pois tendes o mesmo combate que vistes em mim e, ainda agora, ouvis que é o meu." (Fp 1:29b-30).

O BOM ESTADO DO CORAÇÃO VENCE O MUNDO EXTERIOR.

Não aborte a benção de Deus

II Reis 13:14-20

"14 O profeta Eliseu foi atacado por uma doença sem cura. Quando ele estava para morrer, o rei Jeoás foi visitá-lo. Então o abraçou e chorou, dizendo: – Meu pai, meu pai! O senhor foi como um exército para defender Israel!
15 Então Eliseu disse: – Pegue um arco e algumas flechas. Jeoás pegou o arco e as flechas,
16 e Eliseu lhe disse que se preparasse para atirar. E o rei fez o que ele mandava. Aí Eliseu pôs as mãos por cima das mãos do rei
17 e disse: – Abra a janela que dá para o lado da Síria. O rei abriu. Então Eliseu mandou: – Atire a flecha! Assim que o rei atirou, Eliseu disse: – O senhor é a flecha do SENHOR Deus; é por meio do senhor que Deus vai conseguir a vitória contra a Síria. O senhor lutará contra os sírios em Afeca até vencê-los.

18 Depois Eliseu disse a Jeoás que pegasse as outras flechas e batesse no chão com elas. O rei bateu três vezes no chão e parou.
19 Eliseu ficou zangado com isso e disse: – O senhor devia ter batido cinco ou seis vezes e assim venceria completamente os sírios; mas agora vai vencê-los só três vezes.
20 Então Eliseu morreu e foi sepultado. Todos os anos bandos de moabitas costumavam invadir a terra de Israel." (II Rs 13:14-20).

Esse texto curto relata a visita que um jovem rei fez a um velho profeta.

I - A visita: de um lado, Jeoás, rei de Israel, era jovem e inexperiente quando um desastre ameaçou o seu reino. O exército siro mobilizou-se contra o rei, e ele sabia que não podia enfrentá-lo. Tinha visões terríveis de derrota e aprisionamento, e, até mesmo, a morte o perseguia. Jeoás se sentia doente de preocupação.

Do outro lado, o profeta Eliseu devia estar na casa dos 80 anos. Foi grandemente usado por Deus como profeta por cerca de 50 anos, e muitos milagres foram realizados por meio dele.

Jeoás, mesmo não sendo um homem comprometido com Deus, muito pelo contrário, "Jeoás fez coisas erradas, que não agradam a Deus, o SENHOR" (II Rs 13:11), decidiu visitar o velho profeta.

II - Qual a motivação da visita? Não se sabe ao certo. Teria sido para se aconselhar? Redimir-se? Teria sido em consideração ao ministério daquele profeta que estava perto da morte? Ou porque estava com dificuldades? Um pastor escreveu: "Quando prensados contra a parede, rei ou mendigo, se atira desesperadamente diante de Deus". Eu não sei qual a motivação que o levou à casa do profeta, mas de uma coisa eu tenho conhecimento: todas as vezes que alguém procura Deus, esse alguém é abençoado. "Buscar-me eis e me achareis quando me buscardes de todo coração" (Jr 29:13).

Eu não sei qual a motivação que te trouxe à casa de Deus nesta noite. Creio que muitos vieram com a motivação correta: adorar a Deus, alimentar-se da Palavra. Porém, independentemente da motivação, você está na presença de Deus, e Ele permitiu que estivesse aqui. Você já está sendo abençoado.

Como servos de Deus, somos chamados para colocar as mãos sobre as pessoas e abençoá-las. A ideia que muitos tem a respeito de nós é que o nosso prazer é o de acusar, o de apontar o dedo. Não, nós não fomos chamados para condenar, mas para abençoar.

O profeta também disse ao rei: "Abre a janela". Essa expressão é muito significativa. Não se pode disparar setas contra uma janela fechada, é preciso abri-la, criar oportunidades. Deus não entra, a bênção não vem, você não sai para as conquistas com as janelas ou portas fechadas.

É preciso que você abra o seu coração para que Deus entre em sua vida. "Eis que estou à porta e bato; se alguém ouvir a minha voz e abrir a porta, entrarei em sua casa e cearei com ele, e ele, comigo." (Ap 3:20).

Amigo, Deus está disposto a entrar na sua vida, a salvá-lo, mas você precisa abrir-se para Ele entrar e agir em seu favor. Você não quer abrir a sua vida, nesta noite, para que Deus entre e salve-o da morte, da perdição, do inferno?

Irmãos, aprendemos que os salvos precisam abrir-se para que Deus haja em seu favor, para que Deus trabalhe em sua vida, para que o Espírito Santo tenha liberdade de se manifestar. Se não tivermos coragem e disposição, Deus não agirá

III - Como foi a visita: o rei aproximou-se do velho profeta, abraçou-o e chorou, dizendo: "– Meu pai, meu pai! O senhor foi como um exército para defender Israel!" (II Rs 2:12b).

Às vezes fico pensando que Jeoás estava chorando não porque Eliseu estava morrendo, mas porque ele mesmo poderia morrer. E qual foi a atidude de Eliseu? "Eliseu pôs as mãos sobre as mãos do rei" (II Rs 13:16). Eu creio que só essa atitude já fez bem ao coração de Jeoás.

Eu imagino que o rei havia se aproximado do profeta com certo receio, que é um sentimento próprio de quem sabe que não está bem com Deus. "Ele é um homem de Deus. Ele sabe que eu não estou no caminho. Ele sabe dos meus pecados. Ele vai me jogar na cara todos os meus erros. Vai me dar um sermão". Mas não, enquanto o rei chorava, o profeta colocou as mãos sobre ele. Você sabe o que isso significa? A hora em que o nosso coração está apertado e alguém coloca suas mãos sobre nós?

O homem de Deus profetiza vitória.

"15 Então Eliseu disse: – Pegue um arco e algumas flechas. Jeoás pegou o arco e as flechas, 16 e Eliseu lhe disse que se preparasse para atirar. E o rei fez o que ele mandava. Aí Eliseu pôs as mãos por cima das mãos do rei, 17 e disse: – Abra a janela que dá para o lado da Síria. O rei abriu. Então Eliseu mandou: – Atire a flecha! Assim que o rei atirou, Eliseu disse: – O senhor é a flecha do SENHOR Deus; é por meio do senhor que Deus vai conseguir a vitória contra a Síria. O senhor lutará contra os sírios em Afeca até vencê-los." (II Rs 15-17).

A bênção de Deus depende da obediência do homem. Para sermos abençoados, precisamos fazer tudo o que Deus nos diz. Pegue um arco e algumas flechas... flechas da vitória do SENHOR!

Quero convidar você a retesar o arco e a atirar a flecha da vitória do SENHOR! Com a mão de Deus sobre você, pense, mire, abra a janela e atire. Não se trata de pensamento positivo, de mensagem meramente motivadora, mas de fé.

Seria tão bom se a história terminasse aqui, mas ela continua:

O rei abortou a bênção de Deus. Vamos voltar ao texto bíblico II Reis 13: "18 Depois Eliseu disse a Jeoás que pegasse as outras flechas e batesse no chão com elas. O rei bateu três vezes no chão e parou. 19 Eliseu ficou zangado com isso e disse: – O senhor devia ter batido cinco ou seis vezes e assim venceria completamente os sírios; mas agora vai vencê-los só três vezes.".

Jeoás recebeu parte da bênção, mas a perdeu na plenitude. Veja que ele foi ao lugar certo, à pessoa certa, mas não foi abençoado por completo. Faltou, a ele, perseverança. Jeoás não foi até o final da ordem.

Irmãos, vocês irão concordar comigo que há muita gente que recebe sinais, parte da benção, migalhas da bênção porque desiste no meio do caminho, não persevera.

Até abortar a bênção, o rei estava indo bem. Porém, após isso, o profeta Eliseu ficou indignado, triste. A Bìblia não diz, mas imagino que Eliseu, já enfermo, com essa tristeza, acabou partindo de vez. Uma das coisas que mais entristece o coração de um profeta é quando ele observa as pessoas rejeitando, impedindo ou abortando as bênçãos de Deus. Quantas vezes o profeta, o pastor, o homem de Deus, a mulher de Deus chora, sofre, quando vê a direção de Deus para uma pessoa e esta não se dispõe a seguí-la.

Eu tenho morrido muitas vezes quando percebo alguém abortando a bênção de Deus, quando a pessoa caminha por lugares diferentes de onde está a bênção, quando alguém deixa a comunhão da Igreja.

Conclusão: creio que uma das lições desse texto é a de que Deus está disposto a estar do seu lado. Como Jeoás, não interessa o seu passado, não importa o que você fazia. Você veio até Deus, e Ele está pronto para te abençoar por completo.

Para isso, é preciso entregar-se totalmente a Ele.

No caminho para a sepultura de Cristo
Lucas 24:1-10

1. UMA TRISTE CAMINHADA

"1 E NO primeiro dia da semana, muito de madrugada, foram elas ao sepulcro, levando as especiarias que tinham preparado, e algumas outras com elas.
2 E acharam a pedra revolvida do sepulcro.
3 E, entrando, não acharam o corpo do Senhor Jesus.
4 E aconteceu que, estando elas muito perplexas a esse respeito, eis que pararam junto delas dois homens, com vestes resplandecentes.
5 E, estando elas muito atemorizadas, e abaixando o rosto para o chão, eles lhes disseram: Por que buscais o vivente entre os mortos?" (Lc 24:1-5).

2. UMA DESCOBERTA MARAVILHOSA

"6 Não está aqui, mas ressuscitou. Lembrai-vos como vos falou, estando ainda na Galiléia,
7 Dizendo: Convém que o Filho do homem seja entregue nas mãos de homens pecadores, e seja crucificado, e ao terceiro dia ressuscite." (Lc 24:6,7).

3. UM REGRESSO FELIZ

"8 E lembraram-se das suas palavras.
9 E, voltando do sepulcro, anunciaram todas estas coisas aos onze e a todos os demais.
10 E eram Maria Madalena, e Joana, e Maria, mãe de Tiago, e as outras que com elas estavam, as que diziam estas coisas aos apóstolos. 8 E lembraram-se das suas palavras." (Lc 24:8-10).

No esconderijo de Deus
Salmos 91

Muitas passoas têm tido experiências especiais com Deus como as do Salmista.

O Salmo 91 é, talvez, um dos mais lidos e preciados depois do precioso Salmo 23. A mesma benção pode ser sua.

1. A CONDIÇÃO

O salmista estabelece duas condições a fim de gozarmos das bençãos:

- HABITAR NO ESCONDERIJO;

- DESCANSAR À SOMBRA.

Precisamos fazer de Deus a nossa habitação e o nosso descanso.
"O Senhor é o meu refúgio, Fizeste do Altíssimo a tua morada." (v. 9).

2. A BENÇÃO

Como o salmista descreve as bençãos de Deus sobre as vidas dos que estão HABITANDO e DESCANSANDO no Senhor?

A. LIVRAMENTO

"Pois ele te livrará do laço do passarinheiro ,e da peste perniciosa." (v. 3);

"Porque a mim se apegou com amor, eu o livrarei, pô-lo-ei a salvo, porque conhece o meu nome." (v. 14).

B. PROTEÇÃO

"Cobrir-te-a com as suas penas,sob suas asas estarás seguro,a sua verdade é pavés e escudo." (v. 4).

C. TRANQUILIDADE

"Não te assuataras do terror noturno, nem da seta que voa de dia, nem da peste que se propaga nas trevas, nem da mortandade que assola ao meio-dia." (v. 5, 6).

D. ISENÇÃO DO MAL

"Caiam mil ao teu lado, e dez mil à tua direita, tu não serás atingido. Somente com os teus olhos contemplarás, e verás o castigo dos ímpios." (v. 7, 8).

E. SEGURANÇA

"Nenhum mal te sucederá,praga nenhuma chegará à tua tenda." (v. 10).

F. CUIDADO DIVINO

"Porque aos seus anjos dará ordens a teu respeito,para que te guardem em todos os teus caminmhos." (v. 11, 12).

G. VITÓRIA (Lc 10:19; Rm 16:20)

"Pisarás o leão e a áspide, calcarás aos pés o leãozinho e a serpente." (v. 13).

Existe uma condição para isto, para a vitória.

"Por que a mim se apegou com amor,eu o livrarei, pô-lo-ei a salvo,porque conhece o meu nome" (v. 14).

H. PRESENÇA DE DEUS

"Ele me invocará ,e eu lhe reponderei, na sua angustia eu estarei com ele,livrá-lo-ei,e o glorificarei." (v. 15).

I. LONGEVIDADE

"Saciá-lo-ei com longevidade" (v. 16a).

J. SALVAÇÃO

"lhe mostrarei a minha salvação" (v. 16b).

3. A EXPERIÊNCIA

- Qual tem sido a sua experiência com o Salmo 91?
- Qual tem sido a sua experiência com o Senhor do Salmo 91?

Não basta tê-lo como um talismã, uma vara de condão, um amuleto.

Mais do que conhecer o Salmo 91, é preciso ter experiência com o Deus que é toda a razão desse salmo.

No que consiste ser uma Igreja forte

Sl 1:1: "BEM-AVENTURADO o homem que não anda segundo o conselho dos ímpios, nem se detém no caminho dos pecadores, nem se assenta na roda dos escarnecedores.".

Temos vivido, em nossa Igreja, tempos de refrigério para a alma e sentido o sonho de Deus para conosco.

Mas, para chegar nesse alvo, nesse sonho de Deus para a Igreja, serão necessárias algumas coisas:

1. UMA NOVA VIDA

Rm 6:4: "De sorte que fomos sepultados com ele pelo batismo na morte; para que, como Cristo foi ressuscitado dentre os mortos, pela glória do Pai, assim andemos nós também **em novidade de vida**.".

2. FÉ

II Co 5:7: "Porque andamos por fé, e não por vista".

3. ESPIRITUALIDADE

Gl 5:16: "Digo, porém: Andai em Espírito, e não cumprireis a concupiscência da carne.".

4. EM AMOR

Ef 5:2: "E andai em amor, como também Cristo vos amou, e se entregou a si mesmo por nós, em oferta e sacrifício a Deus, em cheiro suave.".

5. ESTABILIDADE

Ef 4:1: "ROGO-VOS, pois, eu, o preso do Senhor, que andeis como é digno da vocação com que fostes chamados".

6. CAUTELA

Ef 5:15: "Portanto, vede prudentemente como andais, não como néscios, mas como sábios,".

7. ILUMINAÇÃO

I Jo 1:7: "Mas, se andarmos na luz, como ele na luz está, temos comunhão uns com os outros, e o sangue de Jesus Cristo, seu Filho, nos purifica de todo o pecado.".

Sl 147:13 nos diz: "Porque fortaleceu os ferrolhos das tuas portas; abençoa aos teus filhos dentro de ti.".

Vamos avaliar o VALOR e a IMPORTÂNCIA DA IGREJA simbolizada pelo que há de mais necessário e sagrado. Ela é a COLUNA DA VERDADE e a NOIVA DE CRISTO.

8. NÃO BASTA SER IGREJA, ELA DEVE SER FORTE

a. a sua natureza exige;
b. a sua missão exige;
c. a situação do mundo exige;
d. uma Igreja fraca jamais enfrentará a situação.

9. HÁ SINAIS QUE DISTINGUEM A IGREJA FORTE

1- PORTAS BEM GUARDADAS

a. no sentido de CALOR MORAL, não numérico;
b. no sentido de AÇÃO CONSTRUTIVA;
c. no campo das DOUTRINAS. Aqui, a fraqueza de muitas.

2- O AUMENTO DE MEMBROS

*SE NÃO HÁ AUMENTO, A INATIVIDADE É VISÍVEL E A IGREJA NÃO PODE SER FORTE;

*a saúde espiritual está caindo.

3- OS CONVERTIDOS SE TORNAM BENÇÃOS PARA OS OUTROS

Que tristeza não ser útil para alguém.

A verdadeira MEDIDA DA GRANDEZA está no SERVIÇO e na UTILIDADE de nossas vidas em benefício de outros.

10. O CUIDADO DE UMA IGREJA FORTE

Traçar todas as bênçãos, a GRAÇA DE DEUS.
A Igreja é a Sião do Senhor.

BENÇAÕS DA IGREJA FORTE:

a. mantém a PAZ entre os irmãos;
b. há alimento ESPIRITUAL para todos;
c. possui ENERGIA MISSIONÁRIA;
d. SENTE A PRESENÇA DE DEUS, fonte de todas as bênçãos.

O ANDAR COM DEUS CONSISTE EM:

- VIDA NOVA;

- FÉ;

- ESPIRITUALIDADE;

- ESTABILIDADE;

- AMOR;

- CAUTELA;

- ILUMINAÇÃO;

- SEMELHANÇA COM CRISTO.

CONCLUSÃO

Como é a sua igreja?

Creio que a primeira coisa que você pensou foi nos outros, mas a pergunta foi para você e não para os outros, porque você é a Igreja do Senhor.

QUAL É A SUA CONTRIBUIÇÃO PARA FAZÊ-LA FORTE?

Faça uma indagação a você mesmo.

COMO SERIA A MINHA IGREJA SE TODOS OS MEMBROS FOSSEM IGUAIS A MIM?

- mau humorado;
- amargurado;
- azedo;
- antipático;
- não confiável.

O céu

Ir para o céu, esse é o desejo de todos.

O céu é a meta final.

Falamos muito sobre a nossa conduta aqui na terra e preparamo-nos para ir ao céu.

1. O CÉU É UM LUGAR

Jo14:3: "E quando eu for, e vos preparar lugar, voltarei e vos receberei para mim mesmo, para que onde eu estou estejais vós também.".

Nós não podemos localizá-lo, mas é um lugar com espaço para todos.

2. QUE ESPÉCIE DE LUGAR É O CÉU?

a. um lugar de beleza externa e interna incomparável (ver: Ap 21; 22:1-5);

b. é a morada de Deus. Ordem, harmonia e beleza;

c. um lugar em que há companheiros perfeitos. Nem maus, nem maldade terão nela;

d. é lugar de conhecimento perfeito, completo, universal;

I Co 13:12: "Porque agora vemos como em espelho, obscuramente, então veremos face a face, agora conheço em parte então conhecerei como também sou conhecido.".

e. é um lugar de amor universal;

f. é um lugar perfeito.

I Jo 3:2: "Amados, agora somos filhos de Deus, e ainda não se manifestou o que havemos de ser. Sabemos que, quando ele se manifestar, seremos semelhantes a ele, porque havemos de vê-lo como ele é.";

I Jo 4:8: "Aquele que não ama não conhece a Deus pois Deus é amor.".

g. é um lugar de perfeito louvor;

"9 Depois destas coisas olhei, e eis uma grande multidão, que ninguém podia contar, de todas as nações, tribos, povos e línguas, que estavam em pé diante do trono e em presença do Cordeiro, trajando compridas vestes brancas, e com palmas nas mãos;

10 e clamavam com grande voz: Salvação ao nosso Deus, que está assentado sobre o trono, e ao Cordeiro.

11 E todos os anjos estavam em pé ao redor do trono e dos anciãos e dos quatro seres viventes, e prostraram-se diante do trono sobre seus rostos, e adoraram a Deus,

12 dizendo: Amém. Louvor, e glória, e sabedoria, e ações de graças, e honra, e poder, e força ao nosso Deus, pelos séculos dos séculos. Amém.

13 E um dos anciãos me perguntou: Estes que trajam as compridas vestes brancas, quem são eles e donde vieram?

14 Respondi-lhe: Meu Senhor, tu sabes. Disse-me ele: Estes são os que vêm da grande tribulação, e lavaram as suas vestes e as branquearam no sangue do Cordeiro.

15 Por isso estão diante do trono de Deus, e o servem de dia e de noite no seu santuário; e aquele que está assentado sobre o trono estenderá o seu tabernáculo sobre eles.

16 Nunca mais terão fome, nunca mais terão sede; nem cairá sobre eles o sol, nem calor algum;

17 porque o Cordeiro que está no meio, diante do trono, os apascentará e os conduzirá às fontes das águas da vida; e Deus lhes enxugará dos olhos toda lágrima." (Ap 7:9-17).

h. é um lugar em que não haverá lágrimas, nem dor.

Ap 21:4: "E lhes enxugará dos olhos toda lágrima, e a morte já não existirá, já não haverá luto, nem pranto, nem dor, porque as primeiras coisas passaram.".

i. acima de tudo, é a CASA DO MEU PAI.

Ap 21:3: "Então ouvi grande voz vinda do trono, dizendo:

Eis o tabernáculo de Deus com os homens. Deus habitará com eles. Eles serão povos de Deus e Deus mesmo estará com eles.".

3. SE É UM LUGAR, HÁ UM CAMINHO PARA CHEGAR LÁ

a. Esse caminho pode ser impedido:

- pelo pecado;
- pela negligência.
- pelos preconceitos.

Mas pode ser encontrado se for verdadeiramente procurado.

b. É um caminho único, longo, mas certo.

Jo 14:5-6: "Disse-lhe Tomé: Senhor, não sabemos para onde vais, como saber o caminho? Respondeu-lhe Jesus: Eu sou o caminho, a verdade e a vida, ninguém vem ao Pai senão por mim.".

É uma via só, única, certa, apontando para uma só direção, e os que nela trafegam vão seguros até o destino final.

4. HÁ MEIOS À DISPOSIÇÃO

a. a direção: sempre para cima, até Deus;
b. Jesus é a porta e o caminho;
c. a Palavra de Deus é a bússola, auxiliar indispensável; é o mapa que indica o roteiro seguro para a viagem;
d. a substância indispensável à viagem é a VIDA, e esta só Jesus poderá nos dar.

Que mundo cheio de belezas espirituais nos espera?

Você não gostaria de morar, com Jesus, nesse céu?

Só depende de você aceitá-lo como seu salvador agora.

O elemento necessário para a vitória

Josué 1:10-18

No texto de Josué 1:10-18, temos a narrativa dos preparativos do povo para a entrada. A pergunta que eu faço é: o que teria sido o mais importante para que eles obtivessem sucesso nesse empreendimento? A resposta é: eles se demonstram unidos, juntos, integrados e esse foi o maior motivo para as bênçãos de Deus. Porém integração não é algo que acontece automaticamente em nossas vidas, é preciso trabalho, esforço, dedicação. Por isso, nesta noite, nós vamos observar, na vida desses homens, algumas atitudes que demonstravam que eles eram verdadeiramente unidos em torno de um só ideal.

Integração.

Tese: atitudes que demonstram um grupo integrado.

A primeira atitude que eu gostaria de destacar nesse texto é:

1. ELES UNIRAM SUAS FORÇAS PARA CONSEGUIR OS RECURSOS NECESSÁRIOS

"10 Então Josué deu ordem aos príncipes do povo, dizendo:
11 Passai pelo meio do arraial e ordenai ao povo, dizendo: Provede-vos de comida, porque dentro de três dias passareis este Jordão, para que entreis a possuir a terra que vos dá o SENHOR vosso Deus, para a possuirdes." (Js 1:10-11).

1. note que Josué reúne os líderes (a palavra traduzida por príncipe indica os chefes) e diz que eles deveriam ir ao povo para que este providenciasse os suprimentos necessários para a batalha;

2. eu quero destacar aqui que ninguém pode estar sozinho em uma grande batalha e, consequentemente, em uma grande vitória. Sempre deverão existir aqueles que apoiam, que ficam na retaguarda;

3. os chefes deveriam sair pelo meio do povo (as 12 tribos), convocando todos a cooperarem com a invasão da terra. Seria preciso:

1. alimento em grande quantidade;
2. munição e armas para todos os soldados;
3. remédios para os feridos.

4. havia apenas um ideal: tomar posse da terra da promessa;
5. não havia tempo para discussões ou preferências, a visão foi passada, e, agora, era tempo de unir forças, colocar a mão na massa e seguir;
6. note que Josué diz que eles tinham três dias e depois disso seria a caminhada final rumo à bênção.

A segunda atitude que eu encontro no texto é:

2. ELES DEIXARAM A INDIVIDUALIDADE DE LADO

"12 E falou Josué aos rubenitas, e aos gaditas, e à meia tribo de Manassés, dizendo: 13 Lembrai-vos da palavra que vos mandou Moisés, o servo do SENHOR, dizendo: O SENHOR vosso Deus vos dá descanso, e vos dá esta terra.
14 Vossas mulheres, vossos meninos e vosso gado fiquem na terra que Moisés vos deu deste lado do Jordão; porém vós passareis armados na frente de vossos irmãos, todos os valentes e valorosos, e ajudá-los-eis;
15 Até que o SENHOR dê descanso a vossos irmãos, como a vós, e eles também possuam a terra que o SENHOR vosso Deus lhes dá; então tornareis à terra da vossa herança, e possuireis a que vos deu Moisés, o servo do SENHOR, deste lado do Jordão, para o nascente do sol." (Js 1:12-15).

Há algo que precisa ser entendido aqui: o povo de Israel foi divido em 12 tribos, e, conforme lemos em Nm 32:1, as tribos de Gade e Rúben e metade da tribo de Manassés haviam pedido para ficar com o lado oriental do Jordão. Por isso Josué os chama e lembra-os do compromisso firmado com Moisés: que, mesmo já possuindo a sua parte, eles não deveriam deixar seus irmãos irem à guerra sozinhos (Nm 32:31; 34:14-15). Alguém poderia dizer: "Por que vamos atravessar o rio se nossa terra está deste lado?", mas não foi isso o que fizeram. O interesse de uma tribo não poderia estar acima do interesse de todo povo de Israel.

A terceira atitude que mostra um grupo integrado é:

3. ELES APOIARAM A LIDERANÇA EM OBEDIÊNCIA A DEUS

"16 Então responderam a Josué, dizendo: Tudo quanto nos ordenaste faremos, e onde quer que nos enviares iremos.
17 Como em tudo ouvimos a Moisés, assim te ouviremos a ti, tão-somente que o SENHOR teu Deus seja contigo, como foi com Moisés.
18 Todo o homem, que for rebelde às tuas ordens, e não ouvir as tuas palavras em tudo quanto lhe mandares, morrerá. Tão-somente esforça-te, e tem bom ânimo." (Js 1:16-18).

1. Quando Josué lembrou-os de suas responsabilidades, eles não se rebelaram ou discutiram, pelo contrário, nesse trecho, encontramo-los fazendo uma declaração que certamente até Josué se espantou em ouvir!

2. Lembre-se que estamos falando de um grupo que, por 40 anos, esteve no deserto, e o fator foi sua falta de contentamento. Moisés sofreu duras críticas, mas agora a situação foi completamente diferente.

3. Eles fazem uma declaração: todos os mandamentos seriam obedecidos. Para onde Josué os enviasse, eles iriam.

4. Há, aqui, um princípio importante que precisa ser observado: é Deus quem coloca os líderes sobre seu povo. Foi essa a maneira que Ele escolheu para conduzir seu povo neste mundo.

O valente está amarrado

Mateus 12:22-29

"Ou, como pode alguém entrar em casa do homem valente, e furtar os seus bens, se primeiro não maniatar o valente, saqueando então a sua casa?" (Mt 12:29).

Os sinais e milagres do Senhor tornavam-se cada vez mais poderosos, e a fama de Jesus espalhava-se por todos os lugares daquela região.

Todos deveriam saber que Ele era o Messias. Só que, até a crucificação de Jesus, da mesma forma que os milagres cresciam, a INCREDULIDADE de Israel aumentava.

1. VEMOS A TERRÍVEL FORÇA DE SATANÁS

"22 Trouxeram-lhe, então, um endemoninhado cego e mudo; e, de tal modo o curou, que o cego e mudo falava e via.
23 E toda a multidão se admirava e dizia: Não é este o Filho de Davi?" (Mt 12:22, 23).

Esse doente estava **POSSESSO**, **CEGO** e **MUDO**. Satanás havia feito dele uma fortaleza, uma imagem do homem natural. A possessão produziu, naquele homem, dois efeitos colaterais: CEGUEIRA e MUDEZ.

A sua cura removeu todas as três aflições: a possessão, a cegueira e a mudez.

"Não é este o Filho de Davi?" (Mt 12:23b).

A resposta negativa implícita na pergunta revela que, mesmo tendo o milagre levantado a possibilidade de sua messianidade, o povo tinha a PREDISPOSIÇÃO de não crer.

2. OS AMIGOS AMOROSOS E AJUDADORES LEVARAM O ENFERMO A JESUS

Encontramos, na Bíblia, casos de pessoas que levaram seus amigos a Jesus:
- um centurião veio por causa do seu criado (Mt 8:5,6);
- quatro homens trouxeram um paralítico (Mt 9:2);
- um pai intercedeu por sua filha (Mt 9:18,23-26).

Amados irmãos, possessos podem ser perigosos, mas o VERDADEIRO AMOR não conhece o MEDO.

VOCÊ JÁ LEVOU ALGUÉM A JESUS?

3. O INIMIGO PROCURA VENCER

"Ou, como pode alguém entrar em casa do homem valente, e furtar os seus bens, se primeiro não maniatar o valente, saqueando então a sua casa?" (Mt 12:29).

Jesus compara Satanás a um valente, armado até os dentes, que guarda a entrada da casa com segurança.

A descrição do ministério de Jesus como a ENTRADA DA CASA DO VALENTE (domínio de Satanás), intuindo roubar-lhe os bens (o poder de Cristo sobre os demônios), fornece-nos prova clara de que, primeiro, o HOMEM VALENTE (satanás) foi AMARRADO.

4. OUVE UM MILGRE TRIPLO

Esse possesso, que estava cego e mudo, foi curado pelo Senhor. Ele podia, agora, VER e FALAR, e os demônios tiveram que deixá-lo por ordem do Senhor.

Irmãos, vemos tantos homens e mulheres, até mesmo cristãos, amarrados pelo valente, pela MUDES e SURDES. Sabe como?

a. a falta de compromisso gera insensibilidade espiritual;

- causada pela dureza de coração;
- causada pela rebeldia a Deus e aos seus líderes;
- causada pela rejeição da Palavra.

b. a falta de compromisso interrompe o conhecimento de Deus;

O conhecimento interrompido gera:

- derrotas;
- fraquezas;

- falta de determinação.

c. a falta de compromisso demonstra identificação com o mundo;

- um mundo de idolatrias;
- um mundo de promiscuidades;
- um mundo de perversidades.

d. a falta de compromisso abre espaço para o inimigo;

- o inimigo mina a mente e o coração;
- o inimigo quer nos induzir à maldição;
- o inimigo devora os nossos bens.

e. a falta de compromisso é reflexo da vida devocional.

- uma devoção litúrgica vazia;
- uma devoção sem temor;
- uma adoração vazia;
- uma oração mecânica.

Como pode alguém entrar na casa do valente e roubar-lhe os bens sem primeiro amarrá-lo?

Irmãos e amigos, quantos SURDOS e MUDOS estão aqui hoje?

Quantos, incluindo cristãos, têm suas vidas saqueadas e amarradas por Satanás?

Hoje, o Senhor te convida, pela fé e pela autoridade de Jesus, a AMARRAR O VALENTE e pegar aquilo que te pertence, que foi tirado de ti durante anos:

1. a sua sensibilidade espiritual;
2. o seu conhecimento de Deus;
3. a sua identificação com Jesus.

Convida também a:

1. abrir espaço só para Jesus;

2. ter mais tempo para a sua vida devocional com o Senhor.

Talvez existam outras coisas que o valente esteja amarrando. Dessa forma, é necessário **amarrá-lo** e **saqueá-lo** naquilo que é nosso por direito, como Igreja neste lugar:

1. crescimento numérico da Igreja;
2. crescimento de outras igrejas neste lugar;
3. salvação de vidas;
4. manifestação da cura dos milagres de Jesus neste lugar;
5. membros comprometidos com Jesus e com a Igreja de Jesus.

"**Trouxeram-lhe, então, um endemoninhado cego e mudo; e, de tal modo o curou, que o cego e mudo falava e via.**" (Mt 12:22).

Como vimos anteriormente, esse doente estava POSSESSO, CEGO e MUDO. Satanás havia feito dele uma FORTALEZA, uma imagem do homem natural.

Deus deseja que você seja um homem ESPIRITUAL.

Algumas dessas coisas te prendem, e você se sente amarrado. Pois, hoje, convido-te a amarrar o valente em nome de Jesus.

O verdadeiro retrato de Cristo
Apocalipse 3:12-18

A imaginação humana tem produzido os mais diferentes retratos de Cristo. Em alguns destes, Ele aparece com longos cabelos loiros e olhos azuis, noutros, Ele tem a pele morena, cabelos negros, barba cerrada e olhos castanhos. Deus, porém, dá-nos um retrato do Salvador bem diferente daquilo que os homens imaginam. Jesus apareceu ao apostolo João na ilha de Patmos, e assim o apostolo o descreveu:

1. POSSUÍA UM CINTO DE OURO

Ap 1:13: "e, no meio dos candeeiros, um semelhante a filho de homem. Com vestes talares, e cingindo à altura do peito com uma cinta de ouro.".

a. o **cinto** fala de serviço. Mt 20:28: "tal como o filho do, homem, que não veio para ser servido, mas para servir e dar a sua vida em resgate pôr muitos.";
b. o **ouro** fala da sua divindade e glória. Ap 5:12: "proclamando em grande voz: Digno é o Cordeiro, que foi morto, de receber o poder, e riqueza, e sabedoria, e força, e honra, e glória, e louvor,".

2. OS SEUS OLHOS ERAM COMO CHAMAS DE FOGO

Ap 1:14: "os seus olhos, como chama de fogo.".

a. vê todas as coisas. Jo 2:25: "E não precisa de que alguém lhe desse testemunho a respeito do homem, porque ele mesmo sabia o que era a natureza humana.".

3. OS SEUS PÉS ERAM SEMELHANTES A UM LATÃO RELUZENTE

a. os pés de Jesus iluminam o caminho. Jo 8:12: "De novo lhes falava Jesus, dizendo: Eu sou a luz do mundo, quem me segue não andará nas trevas, pelo contrário terá a luz da vida.";
b. quem segue Jesus sabe para onde vai. Jo 12:35: "Respondeu-lhe Jesus: Ainda pôr pouco a luz está convosco. Andai enquanto tendes a luz, para que as trevas não vos apanhe, e quem anda nas trevas não sabe para onde vai.".

4. A SUA VOZ ERA COMO A DE MUITAS ÁGUAS

a. sua poderosa voz gera energia.

"3 A voz do Senhor ouve-se sobre as águas; o Deus da glória troveja; o Senhor está sobre as muitas águas.
4 A voz do Senhor é poderosa; a voz do Senhor é cheia de majestade.
5 A voz do Senhor quebra os cedros; sim, o Senhor quebra os cedros do Líbano.
6 Ele faz o Líbano saltar como um bezerro; e Siriom, como um filhote de boi selvagem.
7 A voz do Senhor lança labaredas de fogo.
8 A voz do Senhor faz tremer o deserto; o Senhor faz
tremer o deserto de Cades.
9 A voz do Senhor faz as corças dar à luz, e desnuda as florestas; e no seu templo todos dizem: Glória!
10 O Senhor está entronizado sobre o dilúvio; o Senhor se assenta como rei, perpetuamente.
11 O Senhor dará força ao seu povo; o Senhor abençoará o seu povo com paz." (Sl 29:3-11)

5. DA SUA BOCA SAÍA UMA AFIADA ESPADA DE DOIS GUMES

"e da sua boca saía-lhe uma afiada espada de dois gumes." (Ap 1:16b).

a. A Palavra de Jesus é penetrante;

Hb 4:12: "Porque a palavra de Deus é viva e eficaz, e mais cortante do que qualquer espada de dois gumes, e penetra até ao ponto de dividir alma, e espírito, juntas e medulas, e apta para discernir os pensamentos e propósitos do coração.".

A Palavra de Deus:

- sendo viva, concede vida;
- sendo eficaz, transforma o ouvinte fiel;
- tendo dois gumes, corta primeiramente quem a usa e, depois, aqueles que recebem seu ministério;
- sendo cortante, traz à luz os motivos obscuros do subconsciente. I Co 4:5: "Portanto, nada julgueis antes de tempo, até que venha o Senhor, o qual não somente trará à plena luz as coisas ocultas das trevas, mas também

manifestará os desígnios dos corações, e então cada um receberá o seu louvor da parte de Deus.".

A alma é a parte inferior do homem. É sensitiva, instintiva, emocional. Quando não iluminada com a luz do Espírito Santo, é simplesmente animal e, quando o homem não está no poder do Espírito de Deus, tende para si mesma.

O espírito é inteligente, moral e aquilo que compreende as coisa humanas. O homem natural que está amortecido pelas coisas naturais torna-se um homem com a mente terrena.

Por isso é importante dividir entre alma e espírito, juntas e medulas.

b. A Palavra de Jesus é autoritária;

Jo 7:46: "Responderam eles: Jamais alguém falou como este homem.".

6. O SEU ROSTO ERA COMO O SOL

"O seu rosto brilhava como o sol na sua força." (Ap 1:16c).

a. O glorioso rosto de Cristo ilumina.

II Co 4:4-6: "4 Nos quais o deus deste século cegou os entendimentos dos incrédulos, para que lhes não resplandeça a luz do evangelho da glória de Cristo, o qual é a imagem de Deus. 5 Porque não nos pregamos a nós mesmos, mas a Cristo Jesus como Senhor, e a nós mesmos como vossos servos pôr amor de Jesus. 6 Porque Deus que disse: De trevas resplandecerá a luz, ele mesmo resplandeceu em nossos corações, para iluminação do conhecimento da glória de Deus na face de Cristo.".

7. TINHA AS CHAVES DA MORTE E DO INFERNO.

"E TENHO AS CHAVES DA MORTE E DO INFERNO." (Ap 1:18c).

a. todo o poder lhe foi dado: "Toda autoridade me foi dada no céu e na terra." (Mt 28:18).

b. sujeita com autoridade a morte e o inferno: "Onde está, ó morte, o teu aguilhão? Onde está, ó inferno, a tua vitória?" (I Co 15:55). A morte foi tragada pela vitória.

Amados amigos e irmãos, só aqueles que aceitaram Jesus Cristo como Salvador e permaneceram fiéis até à morte terão a inenarrável satisfação de contemplar o verdadeiro rosto de Cristo.

Preparando-se para as provas finais
I Pedro 4:7-11

"7 E já está próximo o fim de todas as coisas; portanto sede sóbrios e vigiai em oração.
8 Mas, sobretudo, tende ardente amor uns para com os outros; porque o amor cobrirá a multidão de pecados.
9 Sendo hospitaleiros uns para com os outros, sem murmurações,
10 Cada um administre aos outros o dom como o recebeu, como bons despenseiros da multiforme graça de Deus.
11 Se alguém falar, fale segundo as palavras de Deus; se alguém administrar, administre segundo o poder que Deus dá; para que em tudo Deus seja glorificado por Jesus Cristo, a quem pertence a glória e poder para todo o sempre. Amém." (I Pe 4:7-11).

Pedro começa essa passagem dizendo: "E JÁ ESTÁ PRÓXIMO O FIM DE TODAS AS COISAS" (v.1).

A dois mil anos atrás, vem anunciando-se a volta do Senhor. Nós não sabemos o dia, o mês ou o ano. Todos que tentaram marcar uma data foram ridicularizados e desacreditados.

Mas sabemos que a volta poderá ser a qualquer momento.

1. A VOLTA DO SENHOR BASEIA-SE EM QUÊ?

a. Em sua promessa (ver: Jo 14:3). Davi, no Salmo 40, profetizou que Ele viria, e Ele veio uma vez, portanto cumprirá a Sua palavra na segunda vinda.

b. Na palavra do anjos (ver: At 1:10-11).

Vemos os ALERTAS do Senhor para os seus filhos porque conhecemos o futuro.

Leia Mt 24: 3-13.

2. PARA QUEM É A VINDA DE CRISTO?

É para todos os que são nascidos de Deus e se tornaram novas criaturas.

"12 Mas, a todos quantos o receberam, deu-lhes o poder de serem feitos filhos de Deus, aos que crêem no seu nome;
13 os quais não nasceram do sangue, nem da vontade da carne, nem da vontade do homem, mas de Deus." (Jo 1:12-13).

3. COMO SERÁ A SUA VINDA?

a. o próprio Senhor virá nos ares;
b. a trombeta do Senhor entoará;
c. os mortos em Cristo ressuscitarão;
d. os filhos de Deus que ainda vivem serão transformados, não despidos, mas revestidos.

I Co 15:51-52: "51 Eis aqui vos digo um mistério: Na verdade, nem todos dormiremos, mas todos seremos transformados; 52 num momento, num abrir e fechar de olhos, ante a última trombeta; porque a trombeta soará, e os mortos ressuscitarão incorruptíveis, e nós seremos transformados.";

II Co 5:4: "Porque também nós, os que estamos neste tabernáculo, gememos carregados; não porque queremos ser despidos, mas revestidos, para que o mortal seja absorvido pela vida.".

4. O FINAL GLORIOSO

a.   A ascensão conjunta.

"13 Não quero, porém, irmãos, que sejais ignorantes acerca dos que já dormem, para que não vos entristeçais, como os demais, que não têm esperança.
14 Porque, se cremos que Jesus morreu e ressuscitou, assim também aos que em Jesus dormem, Deus os tornará a trazer com ele.
15 Dizemo-vos, pois, isto, pela palavra do Senhor: que nós, os que ficarmos vivos para a vinda do Senhor, não precederemos os que dormem.
16 Porque o mesmo Senhor descerá do céu com alarido, e com voz de arcanjo, e com a trombeta de Deus; e os que morreram em Cristo ressuscitarão primeiro.
17 Depois nós, os que ficarmos vivos, seremos arrebatados juntamente com eles nas nuvens, a encontrar o Senhor nos ares, e assim estaremos sempre com o Senhor.
18 Portanto, consolai-vos uns aos outros com estas palavras." (I Ts 4:13-18).

a.   estaremos para sempre com o Senhor;

b.   seremos reunidos com aqueles que morreram no Senhor;

c.   teremos a grande vitória.

Pedro disse à igreja primitiva: "Ora, o fim de todas as coisas esta próximo" (I Pe 4:7a):

A primeira recomendação:
"portanto sede sóbrios e vigiai em oração." (I Pe 4:7b).

A segunda recomendação:
"Mas, sobretudo, tende ardente amor uns para com os outros; porque o amor cobrirá a multidão de pecados." (I Pe 4:8)

A terceira recomendação:
"Sendo hospitaleiros uns para com os outros, sem murmurações," (I Pe 4:9)

A quarta recomendação:
"Cada um administre aos outros o dom como o recebeu, como bons despenseiros da multiforme graça de Deus." (I Pe 4:10)

A quinta recomendação:
"Se alguém falar, fale segundo as palavras de Deus; se alguém administrar, administre segundo o poder que Deus dá;" (I Pe 4:11a)

Para qual finalidade?

"para que em tudo Deus seja glorificado por Jesus Cristo, a quem pertence a glória e poder para todo o sempre. Amém." (I Pe 4:11b)

Qual porta você está?

Mateus 16:13-20.

"Também te digo que tu és Pedro, e sobre esta pedra edificarei a minha igreja, e AS PORTAS DO INFERNO não prevalecerão CONTRA ELA." (Mt 16:18).

A Igreja deste século tem desafios à sua frente, e nós, como a Igreja de Jesus, temos que descobrir quais são esses desafios e enfrentá-los.

1. A DEDICAÇÃO DE JESUS À SUA IGREJA

a. foi Ele que a edificou (Mt 16:18);
b. Ele a conhece: "CONHEÇO AS TUAS OBRAS" (Ap 3:8) (ver: Jo 10:14);
c. Jesus a guarda (Ap 3:10);
d. Ele a ama profundamente (Ap 3:9; Ef 5:25-27);
e. Ele está presente com sua Igreja (Mt 28:19-20).

2. A GRANDE OPORTUNIDADE QUE CRISTO OFERECE À SUA IGREJA

Deus tem colocado diante de nós, sua Igreja, portas abertas. Mas quais são elas?

1. a nossa pátria, que toma quase o continente inteiro, é rica, abençoada, livre e aberta para Deus;
2. a nossa época, a qual, se comparada às anteriores, tem muitos privilégios.

Mas a EDIFICAÇÃO DA IGREJA depende:

1. da revelação de Cristo por parte de Deus;

"Então Jesus afirmou: Bem aventurado és, Simão Barjonas, porque não foi carne e sangue quem to revelou, mas meu Pai que estás nos céus." (Mt 16:17) (ver: Jo 16:13).

2. de Jesus ser o fundamento;

"Porque ninguém pode lançar outro fundamento, além do que foi posto, o qual é Jesus Cristo." (I Co 3:11).

3. de Jesus exercer o seu poder soberano (Mt 28:18-20);
4. de os discípulos confessarem a Jesus;

"Tu és o Cristo, o Filho do Deus vivo." (Mt 16:16b)

5. de levar o ataque às portas do Hades (lugar dos mortos).

Irmãos, em Ap 3:20, nos diz o Senhor: "Eis que estou a porta e bato, se ALGUÉM ouvir a minha voz, e ABRIR A PORTA, entrarei em sua casa, e cearei com ele e ele comigo.".

Fica claro, aqui, que quem salva é Jesus, e não a Igreja. Esse texto mostra que uma Igreja pode existir como casca, mantendo seu culto formal e lindo, todavia faltará o CORAÇÃO, QUE É A COMUNHÃO COM O SENHOR.

- Você, como cristão, já identificou qual é essa porta do inferno que prevalece contra você?

"Na minha vida não existe". Será que não?

Jesus diz, em Ap 3:15-17: "Eu conheço as tuas obras, que nem és frio nem quente. Quem dera fosses frio, ou quente. 16 Assim, porque és morno, e nem és quente nem frio, estou a ponto de vomitar-te da minha boca. 17 Pois dizes: Estou rico e abastado, e não preciso de coisa alguma, e nem sabes que tu és INFELIZ, sim, miserável, pobre , cego e nu.".

Irmãos, Jesus estava avisando Pedro, advertindo-o.

No versículo 23, Cristo diz a Pedro: "Arreda Satanás. Tu és para mim pedra de tropeço, porque não cogitas das coisas de Deus, e , sim das dos homens.".

Irmãos, as pessoas que não aprenderam a viver pelo Espírito são templos cascas, legalistas, fariseus modernos.

"aconselho-te que de mim compres ouro refinado pelo fogo para te enriqueceres, vestiduras brancas para te vestires, a fim de que não seja manifesta a vergonha da tua nudez ,e colírio para ungires os teus olhos, a fim de vejas." (Ap 3:18).

Jesus nos manda ir às portas do inferno.

1. Na sua vida, há alguma porta do inferno que está aberta para o inimigo? Se há, feche-a em nome de Jesus.

    a. A porta do legalismo?
    b. A porta do ciúme?
    c. A porta da contenda?
    d. A porta do adultério?
    e. A porta da frieza?
    f. A porta do negativismo?
    g. A porta da tradição?

"e AS PORTAS DO INFERNO não prevalecerão CONTRA ELA." (Mt 16:18b).

Porque algumas portas continuam prevalecendo contra a Igreja?

Alguns cristão não agem como se realmente fossem salvos porque Jesus sempre está do lado de fora de suas casas, e suas atitudes demonstram isso.

Se as portas do inferno estão abertas em sua vida, feche-as.

O Senhor diz, em Ap 3:19: "Eu repreendo e disciplino a quantos amo. Sê pois zeloso, e arrepende-te.".

E, lá fora, quais são as portas que prevalecem contra a Igreja?

a. a porta da prostituição;
b. a porta do bar;
c. a porta dos jogos;
d. a porta das revistas;
e. a porta das drogas;
f. a porta da mentira.

É desejo do Senhor que essas portas não prevaleçam contra a sua Igreja.

Se ele, o inimigo, está prevalecendo, é porque você está dando brecha a ele.

Tg 4:7-10: "7 Sujeitai-vos, portanto, a Deus mas resisti ao diabo, e ele fugira de vós. 8 Chegai-vos a Deus e ele se achegará a vós outros. Purificai as mãos pecadores, e vos que sois de animo dobre, limpai o coração. 9 Afligi-vos, lamentai e chorai. Converta-se o vosso riso em pranto, e a vossa alegria em tristeza. 10 Humilhai-vos na presença do Senhor e ele vos exaltará".

Qual será a sua recompensa?

Romanos 6:22-23

Há varias opiniões acerca do nosso destino eterno, mas os pensamentos de Deus não são os nossos.

Is 55:8: *"Porque os meus pensamentos não são os vossos pensamentos, nem os vossos caminhos os meus caminhos, diz o Senhor."*.

O Senhor já tem definido, dependendo da atitude que cada pessoa assumir em relação a Jesus Cristo, quais serão o GALARDÃO e o CASTIGO de cada um.

A recompensa eterna não dependerá de riquezas, raça, cultura, nem de religião.

Vejamos como Deus nos julgará:

1. DOIS TIPOS DE RECOMPENSA

"Porque o salário do pecado é a morte" (Rm 6:23a).

Dn 12:2: *"Muitos dos que dormem no pó da terra ressuscitarão, uns para a vida eterna, e outros para a vergonha e horror eterno.".*

   a. morte eterna (separação eterna de Deus);
   b. vida eterna (vida eterna com Deus).

2. COMO SERÁ A MORTE ETERNA?

2 Ts 1:8-9: *"8 em chama de fogo, tomando vingança contra os que não conhecem a deus e contra os que não obedecem ao evangelho de nosso Senhor Jesus. 9 Estes sofrerão penalidade de eterna destruição, banidos da face do Senhor e da glória do seu poder".*

   a. será em chama de fogo;
   b. será o sofrimento da pena do pecado;
   c. será a vingança de Deus;
   d. será a destruição e a perdição eternas.

3. DO QUE DEPENDERÁ A RECOMPENSA DE CADA UM?

1. da atitude em relação ao pecado;

"22 Agora, porém, libertados do pecado, transformados em servos de Deus, tendes o vosso fruto para a santificação, e por fim a vida eterna; 23 porque o salário do pecado é a morte, mas o Dom gratuito de Deus é a vida eterna em Cristo Jesus nosso Senhor." (Rm 6:22-23).

Ver: Mt 5:29-30, 10:28; Jo 3:17-19.

2. de confiar ou não no dom de Deus;

"*mas o Dom gratuito de Deus é vida eterna em Cristo Jesus nosso Senhor.*" (Rm 6:23b).

Ver: Mc 16:16; Hb 10:26-39.

3. de obedecer ou não ao evangelho de Cristo;

"*O que despreza a palavra a ela se apenhora, mas o que teme o mandamento será galardoado.*" (Pv 13:13).

Ver: 2 Ts 1:8; Ap 2:10.

4. de ter ou não o nome escrito no Livro da Vida.

"*E se alguém não foi achado isncrito no livro da vida, esse foi lançado para dentro do lago de fogo.*" (Ap 20:15).

3. QUAL SERÁ A SUA RECOMPENSA ETERNA?

Os discípulos sabiam: "**Não obstante, alegrai-vos, não porque os espíritos se vos submetem, e, sim, porque os vossos nomes estão arrolados nos céus.**" (Lc 10:20).

E nós devemos saber também.

Recebendo unção por meio da comunhão

I Coríntios 1:9

"Fiel é Deus, pelo qual fostes chamados para a comunhão de seu Filho Jesus Cristo nosso Senhor." (I Co 1:9).

1. NÃO HÁ UNÇÃO SEM COMUNHÃO

*A comunhão tem o poder de trazer a unção de Deus até nós

- É por meio da unção do Espírito que somos habilitados para nos relacionar de forma correta com outras pessoas.
- A igreja primitiva tinha tudo em comum e vivia a comunhão, por isso ela teve forças para testemunhar, com poder, as maravilhas de Deus. Rompeu barreiras e o seu testemunho chegou até nós, porque ela recebeu a unção de Deus, a qual foi manifestada pela unidade.

*Jesus é o ungido de Deus

Ele, Jesus, foi ungido para levar comunhão, porém viveu a comunhão antes de receber a unção. Ele próprio declarou: "O Espírito do Senhor Deus está sobre mim, pois me ungiu para evangelizar os pobres; enviou-me para levar libertação aos cativos e restauração da vista aos cegos, para por em liberdade os oprimidos, e apregoar o ano aceitável do Senhor." (Lc 4:18). João testemunhou a descida do Espírito sobre Jesus (ver: Jo 1:32).

*A Unção era exclusiva

Somente reis, profetas e sacerdotes podiam ser ungidos. Hoje, essa unção chegou até nós. Jesus elevou-nos à posição de reis e sacerdotes por meio de sua morte na cruz. O véu foi rasgado. Temos livre acesso à sua presença. Temos que aprender a ser bons sacerdotes.

2. UNÇÃO E COMUNHÃO FAZEM TREMER A NAÇÃO

At 4:24-31:

"24 E, ouvindo eles isto, unânimes levantaram a voz a Deus, e disseram: Senhor, tu és o Deus que fizeste o céu, e a terra, e o mar e tudo o que neles há;

25 que disseste pela boca de Davi, teu servo: Por que bramaram os gentios, e os povos pensaram coisas vãs?

26 Levantaram-se os reis da terra, E os príncipes se ajuntaram à uma, Contra o Senhor e contra o seu Ungido.

27 Porque verdadeiramente contra o teu santo Filho Jesus, que tu ungiste, se ajuntaram, não só Herodes, mas Pôncio Pilatos, com os gentios e os povos de Israel;

28 para fazerem tudo o que a tua mão e o teu conselho tinham anteriormente determinado que se havia de fazer.

29 Agora, pois, ó Senhor, olha para as suas ameaças, e concede aos teus servos que falem com toda a ousadia a tua palavra;

30 enquanto estendes a tua mão para curar, e para que se façam sinais e prodígios pelo nome de teu santo Filho Jesus.

31 E, tendo orado, moveu-se o lugar em que estavam reunidos; e todos foram cheios do Espírito Santo, e anunciavam com ousadia a palavra de Deus.".

Em sua oração sacerdotal, Jesus disse: "A fim de que todos sejam um [...] para que o mundo creia que tu me enviastes." (Jo 17:21). **Jesus sabia que a força da união tinha o poder de atrair muitos a Ele.**

unânimes oraram, e o lugar no qual estavam reunidos tremeu;

todos ficaram cheios do Espírito Santo e anunciaram a Palavra com intrepidez.

Satanás sabe a força que somos quando estamos em comunhão. Somos uma ameaça, por isso ele trabalha dia e noite para nos separar.

ABRIR MÃO DA COMUNHÃO É ABRIR MÃO DA UNÇÃO.

3. O PREÇO DA COMUNHÃO

O preço mais alto, Jesus já pagou: o de sangue.

1. PERSEVERANÇA

At 2:42: "E perseveravam na doutrina dos apóstolos, e na comunhão, e no partir do pão, e nas orações.".

2. ORAÇÃO

I Ts 5:17: "Orai sem cessar.".

3. PERDÃO

"21 Disse-lhes, pois, Jesus outra vez: Paz seja convosco; assim como o Pai me enviou, também eu vos envio a vós.

22 E, havendo dito isto, assoprou sobre eles e disse-lhes: Recebei o Espírito Santo.

23 Àqueles a quem perdoardes os pecados lhes são perdoados; e àqueles a quem os retiverdes lhes são retidos." (Jo 20:21-23).

4. RENÚNCIA

"40 E, ao que quiser pleitear contigo, e tirar-te a túnica, larga-lhe também a capa;

41 e, se qualquer te obrigar a caminhar uma milha, vai com ele duas.

42 Dá a quem te pedir, e não te desvies daquele que quiser que lhe emprestes." (Mt 5:40-42).

5. AMOR

"43 Ouvistes que foi dito: Amarás o teu próximo, e odiarás o teu inimigo.

44 Eu, porém, vos digo: Amai a vossos inimigos, bendizei os que vos maldizem, fazei bem aos que vos odeiam, e orai pelos que vos maltratam e vos perseguem;

45 para que sejais filhos do vosso Pai que está nos céus; porque faz que o seu sol se levante sobre maus e bons, e a chuva desça sobre justos e injustos.

46 Pois, se amardes os que vos amam, que galardão tereis? Não fazem os publicanos também o mesmo?

47 E, se saudardes unicamente os vossos irmãos, que fazeis de mais? Não fazem os publicanos também assim?

48 Sede vós pois perfeitos, como é perfeito o vosso Pai que está nos céus." (Mt 5:43-48).

6. MANTER A CHAMA DO ESPÍRITO ACESA

I Ts 5:19: "Não extingais o Espírito.".

7. CONCORDÂNCIA

"5 Ora, o Deus de paciência e consolação vos conceda o mesmo sentimento uns para com os outros, segundo Cristo Jesus.

6 Para que concordes, a uma boca, glorifiqueis ao Deus e Pai de nosso Senhor Jesus Cristo.

7 Portanto recebei-vos uns aos outros, como também Cristo nos recebeu para glória de Deus." (Rm 15:5-7).

4. CONCLUSÃO

Você tem tido comunhão

1. com Deus?
2. com a Igreja?
3. com a família?
4. com o teu irmão na fé?

Reciclando a minha dor

*Reciclar significa separar

AS BEM-AVENTURANÇAS (Mateus 5:3-12)

"Bem-aventurado os pobres em espírito porque deles é o Reino dos céus." (v. 3): compreender que eu não sou Deus e admitr que sou incapaz de controlar a minha tendência de fazer coisas erradas e que a minha vida está incontrolável.

"Bem-aventurado os que choram pois eles serão consolados." (v. 4): sinceramente crer que Deus existe, que eu importo para Ele e que Ele tem o poder para me ajudar a me recuperar.

"Bem-aventurados os humildes [ou mansos], porque eles herdarão a terra" (v. 5): conscientemente escolher comprometer toda a minha vida e vontade aos cuidados e ao controle de Cristo.

"Bem-aventurados os puros de coração, porque eles verão a Deus" (v. 8): abertamente examinar e confessar minhas faltas a Deus, a mim mesmo e a alguém em quem eu confie.

"Bem-aventurados os que têm fome e sede de justiça, porque eles serão fartos." (v. 6): submeter-me voluntariamente a todas as mudanças que Deus deseja fazer em minha vida e, humildemente, pedir a Ele para remover os meus defeitos de caráter.

"Bem-aventurados os misericordiosos, porque eles alcançarão misericórdia" (v. 7): avaliar todos os meus relacionamentos, oferecer perdão àqueles que me feriram e concertar os danos que eu tenha causado a outros, exceto quando, ao fazê-lo, eu possa ter causado mau a pessoa que feri ou a outros.

- reservar um tempo diário a sós com Deus para autoexame, leitura da Bíblia e oração para conhecer Deus e a Sua vontade para minha vida e receber o poder para realizá-la;

- oferecer-me a Deus para ser usado para levar as Boas Novas a outros por meio do meu exemplo e das minhas palavras.

1. POR QUE DEUS TEM PERMITIDO A MINHA DOR?

1. ELE TEM ME DADO UM LIVRE ARBÍTRIO

"Tomo hoje os céus e a terra por testemunhas contra vocês, que hoje dei a vocês a oportunidade de escolherem a vida ou a morte, a bênção ou a maldição. Oh! Escolham a vida! Sim, para que vocês e seus descendentes possam viver." (Dt 30:19).

2. PARA TER A MINHA ATENÇÃO

"Os castigos curam a maldade da gente e melhoram o nosso caráter." (Pv 20:30);

"Agora, alegro-me... não porque ela os contristou, mas porque a dor fez com que vocês se voltassem para Deus." (2 Co 7:9).

3. PARA ENSINAR-ME A DEPENDER DELE

"8 [...] Fomos realmente esmagados e oprimidos, e tivemos medo de não conseguir sobreviver. 9 Sentimos que estávamos condenados à morte e percebemos que éramos fracos demais para socorrer-nos a nós mesmos; isso porém foi bom, porque assim nós colocamos tudo nas mãos de Deus, o único que poderia salvar-nos. 10 E ELE NOS AJUDOU MESMO!" (2 Co 1:8-10);

"O castigo que Tu me deste foi muito bom para mim; só assim aprendi a pôr em prática os Teus mandamentos." (Sl 119: 71).

4. PARA ME DAR UM MINISTÉRIO PARA SERVIR OUTROS

"E por que Ele [Deus] faz isso? Para que, quando os outros estiverem aflitos e necessitados da nossa compaixão e do nosso estímulo, possamos transmitir-lhes essa mesma ajuda e esse mesmo consolo que Deus nos deu." (2 Co 1:4);

"Vocês planejaram o mal contra mim, mas Deus o tornou em bem, para que hoje fosse preservada a vida de muitos." (Gn 50:20).

2. COMO USAR A MINHA DOR PARA AJUDAR OS OUTROS

"15 Estejam sempre preparados para responder a qualquer pessoa que pedir a razão da esperança que há em vocês. 16 Contudo, façam isso com mansidão e respeito." (1 Pe 3:15b-16a).

"1 Se um cristão foi vencido por algum pecado, vocês que são de Deus, devem ajudá-lo, com mansidão e humildade, a voltar ao caminho certo, lembrando-se que da próxima vez poderá ser um de vocês a cair no erro. 2 Partilhe as dificuldades e problemas uns dos outros, obedecendo dessa forma à ordem do nosso Senhor." (Gl 6:1-2).

Sugestões (ver: 1 Ts 2:3-12)

1. SEJA **HUMILDE**;
2. SEJA **HONESTO**;
3. NÃO DÊ UM **SERMÃO**.

"Mas a vida não vale nada, a menos que eu a viva para fazer a obra que o Senhor Jesus me destinou -- a obra de contar aos outros a Boa Nova da graça e do amor de Deus." (At 20:24).

Reconciliai-vos com Deus

II Coríntios 5:18

"Ora, tudo provém de Deus que nos reconciliou consigo mesmo por meio de Cristo, e nos deu o ministério de o ministério da reconciliação." (II Co 5:18).

TUDO PROVÉM DE DEUS...

É notavél como, tendo Deus como SUJEITO, Paulo emprega oito verbos nesse parágrafo.

Deus é o RECONCILIADOR. Aquele que une o pecador REBELDE ao seu santo Criador. Jesus Cristo é o agente dessa reconciliação (II Co 5:18,19).

Deus deixou na mão de todos os reconciliados o privilegio de anunciar esta boa nova: A PALAVRA DE DEUS.

E o EVANGELHO inclui um apelo, sendo essencial que o pecador se entregue e submeta-se ao Senhor.

Em João 7:37-38 encontramos Jesus dizendo:

"**No, último dia, o grande dia da festa, levantou-se Jesus e exclamou: Se alguém tem sede, venha a mim e beba.**

Quem crer em mim, como diz a Escritura, do seu interior fluirão rios de água viva.".

Jesus, nesse texto, descreve a experiência de fé como rios de água viva.

- os rios têm uma nascente (crer no sacrifício de Jesus);
- os rios correm para uma direção (a vontade de Deus) e estão sempre se renovando (o Espírito Santo);
- os rios oferecem algo para os outros (água para saciar a sede espiritual).

Em Ef 2:16, lemos: "e reconciliasse ambos em um só corpo com Deus, por intermedio da cruz, destruindo por ela a INIMIZADE.".

Hoje, você tem a oportunidade de destruir a inimizade por meio da RECONCILIAÇÃO em Cristo Jesus, bebendo da Água da Vida.

RESTABELECENDO a harmonia entre você e Deus, entre Deus e você.

Irmão, um dos exemplo mais bonitos da renovação espiritual pode ser visto nas Cataratas do Iguaçu. Nestas, são toneladas de águas divididas em 18 fantásticas quedas. O mais impressionante é que, quando se sobe o curso do rio, vê-se que todo aquele grande fluxo de água começa de maneira tranquila e calma.

Setenta vezes sete

Mateus 18:21-35

Falar de perdão é falar da graça, é falar da capacidade de oferecer aos outros uma MEMÓRIA APAGADA, SEM REGISTRO, SEM MÁGOAS e SEM TATUAGENS DE RESSENTIMENTO.

PERDÃO é:

1. deixar o outro nascer outra vez em nossa história, é dar outra chance;
2. falar de outro padrão de vida. A natureza não ensina e nem se aprende naturalmente a perdoar;
3. encarnação do evangelho;
4. saúde física e espiritual. Quem não perdoa adoece na alma, deformando, apodrecendo;

A falta de perdão impulsiona o EGOÍSMO, a INDIFERENÇA, a HIPOCRISIA.

Algumas pessoas falam que a IRA camuflada, decorrente da falta de perdão, é uma das causas de várias doenças, inclusive do câncer.

5. descobrir o coração, é a revelação mais completa do ser. Mostra quem somos: PECADORES;
6. falar de Jesus e seguir os SEUS passos. Tal como Deus nos perdoou, devemos perdoar;
7. generosidade, é graça, não se pode explicar, nem justificar: perdão é um favor imerecido, não se pode justificá-lo.

Vamos ver, irmãos, algumas tendências do homem ferido:

1. o homem ferido tem a tendência de reagir para o lado da rebelião, da revolta;
2. o homem ferido tem a tendência de ferir os outros na mesma, ou maior, proporção que foi ferido.

Nós precisamos da CURA EMOCIONAL, a qual envolve um processo de CRESCIMENTO e REPROGRAMAÇÃO da maneira de pensar (ver: Rm 12:2; Jl 2:12 e 27; Is 58:6-9, 61:1-6).

SINAIS INTERNOS DE UMA PESSOA FERIDA

a. falta de interesse pelas pessoas;
b. é muito sensível e intocável, sempre desconfiada;
c. possessiva: toma posse das pessoas com as quais se relaciona bem, tentando evitar que outras acheguem-se a elas;

d. evita conhecer novos amigos pela dificuldade que tem em se relacionar;
e. guarda pouca ou nenhuma gratidão por aquilo que recebeu (I Tm 3:1-2);
f. guarda ofensa e ressentimento contra alguém por longo tempo;
g. normalmente fala palavras duras, criticando ou condenando (Ap 12:9-10);
h. tem um espírito obstinado e teimoso, com dificuldade de admitir o erro pessoal (I Sm 15:23).

Irmãos e amigos, falar de PERDÃO é falar da repetição da vida de Jesus na nossa pobre, frágil e caída humanidade individual; é falar de Deus na minha e na sua vida.

Uma das curiosidades desse texto é:

Setenta vezes sete: a tradição rabínica dizia que se deveria perdoar três vezes. Pedro quis ser generoso quando perguntou se deveria perdoar sete vezes. Todavia Jesus mostrou que o espírito de PERDÃO vai muito além dos mesquinhos cáculos humanos:

Valor da dívida:

Credor incompassível: 10.000 talentos.

1 talento = 6.000 denários = 30kg = ± U$960,00.

10.000 talentos = 60.000.000 denários = U$9.600.000,00

O conservo não perdoado: 100 denários.

1 denário = U$0,16

100 denarios = U$16,00

Quanto vale o meu perdão?

Custa muito perdoar e esquecer?

Custa muito, para você, deixar o teu irmão nascer outra vez em seu coração?

Qual é o padrão de vida que você tem?

Perdoar é a encarnação do evangelho de Jesus em você?

Simão

Atos 8:18-25

Na vida cristã, encontramos diversas pessoas com uma variedade de costumes, gostos e interesses.

Estudamos como obter e desenvolver a mente de Cristo em nós e como há varios tipos de mentes no ser humano.

Aqui, encontramos um homem chamado Simão, o embusteiro.

No seu caso, como é possivel alguém ser CRENTE? Porque ele percebe que o evangelho é a verdade, porém sem ser CONVERTIDO pelo poder dessa verdade na própria vida.

1. Simão o mago CREU.

"**Creu até o próprio Simão, e sendo batizado, ficou de CONTINUO com Filipe. E vendo os sinais e as grandes maravilhas que se faziam, estava atônito.**" (At 8:13).

Mas, pelo visto, não era renascido REGENERADO. Contudo ele foi batizado e incluído no rol dos discípulos.

2. Ele pensava ser o cristianismo mais uma forma de magia e que pudesse obter, por dinheiro, o conhecimento dos seus mistérios.

3. Pedro discerniu estar Simão Mago ainda no caminho da PERDIÇÃO.

"Mas disse-lhe Pedro: Vá tua prata contigo à perdição, pois cuidaste adquirir com dinheiro o dom de Deus." (At 8:20).

E o denunciou como quem não tinha parte, nem sorte com Cristo.

4. Um crente professo batizado, mas perdido, pode se ARREPENDER e orar a Deus implorando por PERDÃO.

5. Deus toma conhecimento dos pensamentos do coração.

"Arrepende-te, pois, dessa tua maldade, e roga ao Senhor para que porventura te seja perdoado o pensamento do teu coração;" (At 8:22).

I Sm 16:7: "Mas o Senhor disse a Samuel: 'Não atentes para a sua aparência, nem para a grandeza da sua estatura, porque eu o rejeitei; porque o Senhor não vê como vê o homem, pois o homem olha para o que está diante dos olhos, porém o Senhor olha para o coração'.".

"Pois vejo que estás em FEL DE MARGURA* e laço de iniquidade." (At 8:23).

*Essa expressão tem origem em Dt 29:18: "para que entre vós não haja homem, nem mulher, nem família, nem tribo, cujo coração hoje se desvie do Senhor nosso Deus, e vá servir aos deuses dessas nações; para que entre vós não haja raiz que produza veneno e fel,".

Heb 12:14-17: "14 Segui a paz com todos, e a santificação, sem a qual ninguém verá o Senhor,

15 tendo cuidado de que ninguém se prive da graça de Deus, e de que nenhuma raiz de amargura, brotando, vos perturbe, e por ela muitos se contaminem;
16 e ninguém seja devasso, ou profano como Esaú, que por uma simples refeição vendeu o seu direito de primogenitura.
17 Porque bem sabeis que, querendo ele ainda depois herdar a bênção, foi rejeitado; porque não achou lugar de arrependimento, ainda que o buscou diligentemente com lágrimas.".

Dentro desse texto, encontramos a INFUÊNCIA MÁ, a qual, de um indivíduo, passa a contaminar o povo todo.

Ele, sua família, seu povo, sua nação.

Em que nós nos parecemos com Simão?

E em que nós somos diferentes dele?

Sinais de um líder chamado Paulo

I Coríntios 11:1

"Sede meus imitadores, como também eu sou de Cristo." (I Co 11:1).

1. A CONSIDERAÇÃO COM SEUS COMPANHEIROS

II Co 1:1: "PAULO, apóstolo de Jesus Cristo, pela vontade de Deus, e o irmão Timóteo, à igreja de Deus, que está em Corinto, com todos os santos que estão em toda a Acaia.".

Cl 4:7, 9-10, 12, 14-15, 17: "7 **Tíquico**, irmão amado e fiel ministro, e conservo no SENHOR, vos fará saber o meu estado;

9 Juntamente com **Onésimo**, amado e fiel irmão, que é dos vossos; eles vos farão saber tudo o que por aqui se passa.
10 **Aristarco**, que está preso comigo, vos saúda, **e Marcos**, o sobrinho de **Barnabé**, acerca do qual já recebestes mandamentos; se ele for ter convosco, recebei-o;
12 Saúda-vos **Epafras,** que é dos vossos, servo de Cristo, combatendo sempre por vós em orações, para que vos conserveis firmes, perfeitos e consumados em toda a vontade de Deus.
14 Saúda-vos **Lucas**, o médico amado, e **Demas.**
15 Saudai aos irmãos que estão em *Laodicéia* e a *Ninfa* e *à igreja que está em sua casa.*
17 E dizei a **Arquipo**: Atenta para o ministério que recebeste no Senhor, para que o cumpras.".

2. A CORAGEM FRENTE AOS REVESES

At 20:22-23: "22 E agora, eis que, ligado eu pelo espírito, vou para Jerusalém, não sabendo o que lá me há de acontecer,

23 Senão o que o Espírito Santo de cidade em cidade me revela, dizendo que me esperam prisões e tribulações.".

3. FERVENTE AMOR PELA IGREJA

Gl 4:19: "Meus filhinhos, por quem de novo sinto as dores de parto, até que Cristo seja formado em vós;";

Fp 4:1: "PORTANTO, meus amados e mui queridos irmãos, minha alegria e coroa, estai assim firmes no Senhor, amados.".

4. FIDELIDADE AO APOSTOLADO

At 20:24: "Mas em nada tenho a minha vida por preciosa, contanto que cumpra com alegria a minha carreira, e o ministério que recebi do Senhor Jesus, para dar testemunho do evangelho da graça de Deus.".

5. DETERMINAÇÃO PARA CONQUISTAR

Fp 4:13: "Posso todas as coisas em Cristo que me fortalece.".

6. HUMILDADE

I Co 15:9-10: "9 Porque eu sou o menor dos apóstolos, que não sou digno de ser chamado apóstolo, pois que persegui a igreja de Deus.
10 Mas pela graça de Deus sou o que sou; e a sua graça para comigo não foi vã, antes trabalhei muito mais do que todos eles; todavia não eu, mas a graça de Deus, que está comigo.".

TEMPOS DIFÍCEIS.

Ver: II Tm 3:1-5.

Aqui, temos um terrível quadro do desenvolvimento do pecado nos últimos tempos. Esses 20 diferentes aspectos da depravação podem não ser evidentes na mesma pessoa, mas não seria impossível descobrir todos eles representados em todas as classes do povo. Contudo nem todos apresentam essas características terríveis.

O cidadão cristão deve reprovar toda espécie de pecado e confessar: "PELA GRAÇA DE DEUS, SOU O QUE SOU".

Esse é o trecho dos amantes. Esta palavra ocorre cinco vezes no grego: **amantes de si mesmos** (II Tm 3:2), **do dinheiro** (II Tm 3:2), **sem amor para os bons** (II Tm 3:3), **sem amor a Deus** (II Tm 3:4), **amantes dos deleites** (II Tm 3:4).

Creio, irmãos e amigos, ser importante e necessário olharmos um pouco o panorama que hoje vivemos. A Igreja está inserida nesse contexto, ela faz parte da História.

1) O MUNDO EM RELAÇÃO AO MALIGNO

Todos os sistemas do mundo estão sob a terrível e destruidora influência de satanás.

I Jo 5:19: "Sabemos que somos de Deus, e que o mundo inteiro jaz no maligno.";

Ap 12:12: "Pelo que alegrai-vos, ó céus, e vós que neles habitais ,Aí dos que habitam na terra e no mar, porque o diabo desceu a vós, e tem grande ira, sabendo que pouco tempo lhe resta.";

Lc 4:6: "Disse-lhe o diabo: Dar-te-ei toda esta autoridade e a GLÓRIA DESTE REINOS ,pois a mi me foi entregue, e a dou a quem eu quiser.".

2) O QUE DIZ A BÍBLIA EM RELAÇÃO A ALGUNS ASSUNTOS?

1. Sociedades mistas:

"14 Não vos prendais a um jugo desigual com os incrédulos; pois que sociedade tem a justiça com a injustiça? ou que comunhão tem a luz com as trevas?
15 Que harmonia há entre Cristo e Belial? ou que parte tem o crente com o incrédulo?

16 E que consenso tem o santuário de Deus com ídolos? Pois nós somos santuário de Deus vivo, como Deus disse: Neles habitarei, e entre eles andarei; e eu serei o seu Deus e eles serão o meu povo.
17 Pelo que, saí vós do meio deles e separai-vos, diz o Senhor; e não toqueis coisa imunda, e eu vos receberei;
18 e eu serei para vós Pai, e vós sereis para mim filhos e filhas, diz o Senhor Todo-Poderoso." (II Co 6:14-18).

2. Ídolos:

"4 Os ídolos deles são prata e ouro, obra das mãos do homem.
5 Têm boca, mas não falam; têm olhos, mas não vêem;
6 têm ouvidos, mas não ouvem; têm nariz, mas não cheiram;
7 têm mãos, mas não apalpam; têm pés, mas não andam; nem som algum sai da sua garganta.
8 Semelhantes a eles sejam os que fazem, e todos os que neles confiam." (Sl 115:4-8).

3. Homossexualismo: uma prática que está se tornando normal até entre os líderes religiosos.

"Não te deitarás com varão, como se fosse mulher; é abominação." (Lv 18:22).

4. Bestialismo:

"Nem te deitarás com animal algum, contaminando-te com ele; nem a mulher se porá perante um animal, para ajuntar-se com ele; é confusão." (Lv 18:23).

5. Tatuagens:

"Não fareis lacerações na vossa carne pelos mortos; nem no vosso corpo imprimireis qualquer marca. Eu sou o Senhor." (Lv 19:28).

6. Juros altos:

"que não empresta o seu dinheiro a juros, nem recebe peitas contra o inocente. Aquele que assim procede nunca será abalado." (Sl 15:5).

7. **Jogos de azar:**

"Por que gastais o dinheiro naquilo que não é pão! e o produto do vosso trabalho naquilo que não pode satisfazer? ouvi-me atentamente, e comei o que é bom, e deleitai-vos com a gordura." (Is 55:2).

8. **Bebidas alcóolicas, fumo, drogas:**

"9 Não sabeis que os injustos não herdarão o reino de Deus? Não vos enganeis: nem os devassos, nem os idólatras, nem os adúlteros, nem os efeminados, nem os sodomitas,
10 nem os ladrões, nem os avarentos, nem os bêbedos, nem os maldizentes, nem os roubadores herdarão o reino de Deus." (Is 6:9-10).

9. **Bruxaria, demonologia:**

"Sacrificaram seus filhos e suas filhas aos demônios." (Sl 106:37).

Irmãos, essa é a postura da sociedade nos dias de hoje. Essa é a cara de muitos homens que querem viver segundo os rudimentos do mundo.

De onde é a ORIGEM DAS CONTENDAS?

"1 Donde vêm as guerras e contendas entre vós? Porventura não vêm disto, dos vossos deleites, que nos vossos membros guerreiam?

6 Todavia, dá maior graça. Portanto diz: Deus resiste aos soberbos; dá, porém, graça aos humildes." (Tg 4:1,6).

3) QUAL DEVE SER, HOJE, A POSTURA DA IGREJA E DO FILHO DE DEUS?

1. tomar conhecimento, estar atento a tudo isso: II Co 2:10-11: "10 [...] para que não sejamos vencidos pôr Satanás; 11 pois não ignoramos os seus ardís.";
2. não se conformar com tudo isso (ver: Rm 12:2);
3. rejeitar, renunciar todo envolvimento com as obras da carne e com tudo o que está relacionado ao inimigo (ver: Tg 4:7).

Quebrando as maldições:

4. tomar posse das suas armas: (ver: II Co 10:1-12; Ef 6:10-20)

"4 pois as armas da nossa milícia não são carnais, mas poderosas em Deus, para demolição de fortalezas;
5 derribando raciocínios e todo baluarte que se ergue contra o conhecimento de Deus, e levando cativo todo pensamento à obediência a Cristo;" (II Co 10:4-5).

5. Viver em santidade e na dependência total do sacrifício de Jesus Cristo no calvário e encher-se do Espírito Santo.

Em II Tm 3:1, Paulo diz que nos "últimos dias sobrevirão tempos difíceis". Creio que esse tempo é chegado: vivemos em uma hora muito difícil. O inimigo sabe que lhe resta pouco tempo, mas a vitória é nossa em nome de Jesus

Hoje, o nosso desafio é este:

"7 Sujeitai-vos, pois, a Deus; mas resisti ao Diabo, e ele fugirá de vós.
8 Chegai-vos para Deus, e ele se chegará para vós. Limpai as mãos, pecadores; e, vós de espírito vacilante, purificai os corações.
9 Senti as vossas misérias, lamentai e chorai; torne-se o vosso riso em pranto, e a vossa alegria em tristeza.
10 Humilhai-vos perante o Senhor, e ele vos exaltará." (Tg 4:7-10).

"**Nada tendes, porque não pedis.**" (Tg 4:2c).

"3 Pedis e não recebeis, porque pedis mal, para o gastardes em vossos deleites.
4 Infiéis, não sabeis que a amizade do mundo é inimizade contra Deus? Portanto qualquer que quiser ser amigo do mundo constitui-se inimigo de Deus.
5 Ou pensais que em vão diz a escritura: O Espírito que ele fez habitar em nós anseia por nós até o ciúme?
6 Todavia, dá maior graça. Portanto diz: Deus resiste aos soberbos; dá, porém, graça aos humildes." (Tg 4:3-6).

Timóteo: um jovem cristão

I Timóteo 4:12

"**Ninguém despreze a tua mocidade, pelo contrário, torna-te padrão dos fiéis, na palavra, no procedimento, no amor, na fé, na pureza.**" (I Tm 4:12). É comum pensar que os JOVENS não podem assumir responsabilidades.

1. COMO A BÍBLIA DESAFIA UM JOVEM?

a. Desafia-o a ser DIFERENTE

"Tu, porém, tens observado a minha doutrina, procedimento, intenção, fé, longanimidade, amor, perseverança," (II Tm 3:10).

b. Desafia-o a ser CRITERIOSO

"Ninguém despreze a tua mocidade, pelo contrário, torna-te padrão dos fiéis, na palavra, no procedimento, no amor, na fé, na pureza." (I Tm 4:12).

c. Desafia-o a ser SÓBRIO

"Tu, porém, sê sóbrio em tudo, sofre as aflições, faze a obra de um evangelista, cumpre o teu ministério." (II Tm 4:5).

d. Desafia-o a ser PURO

"Foge também das paixões da mocidade, e segue a justiça, a fé, o amor, a paz com os que, de coração puro, invocam o Senhor." (II Tm 2:22).

e. Desafia-o a CONHECER BEM A BÍBLIA

"Procura apresentar-te diante de Deus aprovado, como obreiro que não tem de que se envergonhar, que maneja bem a palavra da verdade." (II Tm 2:15).

f. Desafia-o a SOFRER PELO EVANGELHO

"que se desviaram da verdade, dizendo que a ressurreição é já passada, e assim pervertem a fé a alguns." (II Tm 2:18).

g. Desafia-o a PREGAR O EVANGELHO

"prega a palavra, insta a tempo e fora de tempo, admoesta, repreende, exorta, com toda longanimidade e ensino" (II Tm 4:2).

2. QUALQUER JOVEM PODE SER USADO POR DEUS

Muitos acham que apenas os eruditos podem ser úteis ao Evangelho, mas Timóteo mostra que não.

a. ERA INTROVERTIDO

"10 Ora, se Timóteo for, vede que esteja sem temor entre vós; porque trabalha na obra do Senhor, como eu também,
11 Portanto ninguém o despreze; mas encaminhai-o em paz, para que venha ter comigo, pois o espero com os irmãos." (I Co 16:10-11).

b. ERA EMOTIVO

"e, recordando-me das tuas lágrimas, desejo muito ver-te, para me encher de gozo;" (II Tm 1:4).

c. ERA MEDROSO

"7 Porque Deus não nos deu o espírito de covardia, mas de poder, de amor e de moderação.
8 Portanto não te envergonhes do testemunho de nosso Senhor, nem de mim, que sou prisioneiro seu; antes participa comigo dos sofrimentos do evangelho segundo o poder de Deus," (II Tm 1:7-8).

d. ERA DOENTE

"Não bebas mais água só, mas usa um pouco de vinho, por causa do teu estômago e das tuas freqüentes enfermidades." (I Tm 5:23).

3. O QUE MOTIVA UM JOVEM A SER LÍDER NA OBRA DE DEUS?

a. a sua formação FAMILIAR (I Tm 1:3-5, 3:15);

b. uma amizade ESPIRITUAL (I Tm 1:4). Por exemplo: o relacionamento de Timóteo com Paulo: com o amigo, ele orava, aprendia e se sentia querido. **Amigos influenciam**;

c. o dom espiritual (II Tm 1:6; I Tm 4:14);

d. a disciplina pessoal (II Tm 2:4-5).

4. HOMENS (II Tm 4)

1. LUCAS: começou bem e terminou bem (v.11);
2. DEMAS: começou bem e terminou mal (v.10);
3. MARCOS: começou mal e terminou bem (v.11);
4. ALEXANDRE: começou mal e terminou mal (v.14).

Um cântico de vitória

Êxodo 15:1-21

Esse canto de louvor e exaltação ao Deus libertador é um dos mais belos poemas hebraicos. Ninguém dispunha de melhores condições para compor do que Moisés.

É uma composição bem feita, repleta da influência da poesia egípcia, ambiente bem conhecido pelo profeta.

Esse texto é o canto vivo e festivo que contagia Miriã, as dançarinas e todos os que vivem em real liberdade. Cremos que Deus continua a efetivar as suas maravilhas, concedendo vitória aos seus filhos.

Podemos ver, nessa passagem de Êxodo, quatro aspectos do cântico de vitória:

1. O CANTICO DE VITÓRIA É O RESULTADO DA EXPERIÊNCIA COM O DEUS VIVO

- experiência com o fortalecimento;

"ENTÃO cantou Moisés e os filhos de Israel este cântico ao SENHOR, e falaram, dizendo: Cantarei ao SENHOR, porque gloriosamente triunfou; lançou no mar o cavalo e o seu cavaleiro." (v.1).

O SENHOR é a minha força.

- experiência da salvação;

"O SENHOR é a minha força, e o meu cântico; ele me foi por salvação; este é o meu Deus, portanto lhe farei uma habitação [...]" (v.2)

- experiência para todas as gerações:

"[...]; ele é o Deus de meu pai, por isso o exaltarei." (v.2).

2. O CÂNTICO DE VITÓRIA EXALTA SOMENTE A DEUS

- O DEUS QUE BATALHA POR NÓS;

"O SENHOR é homem de guerra; o SENHOR é o seu nome." (v.3).

- O DEUS QUE CONTROLA A NATUREZA;

"4 Lançou no mar os carros de Faraó e o seu exército; e os seus escolhidos príncipes afogaram-se no Mar Vermelho.
5 Os abismos os cobriram; desceram às profundezas como pedra.
8 E com o sopro de tuas narinas amontoaram-se as águas, as correntes pararam como montão; os abismos coalharam-se no coração do mar." (v.4,5,8).

- O DEUS QUE É ONIPOTENTE.

"A tua destra, ó SENHOR, se tem glorificado em poder, a tua destra, ó SENHOR, tem despedaçado o inimigo;" (v.6).

3. O CÂNTICO DE VITÓRIA NÃO DEPENDE DAS CIRCUNSTÂCIAS

- circunstâncias de ameaças;

"O inimigo dizia: Perseguirei, alcançarei, repartirei os despojos; fartar-se-á a minha alma deles, arrancarei a minha espada, a minha mão os destruirá." (v.9).

- circunstâncias naturais.

"Sopraste com o teu vento, o mar os cobriu; afundaram-se como chumbo em veementes águas." (v.10).

- Porque o Senhor domina todas as coisas.

"Ó SENHOR, quem é como tu entre os deuses? Quem é como tu glorificado em santidade, admirável em louvores, realizando maravilhas?" (v.11).

4. O CÂNTICO DE VITÓRIA DEPENDE DAS CIRCUNSTÂNCIAS DE DEUS

- a direção de Deus visa a consagração;

"Tu, com a tua beneficência, guiaste a este povo, que salvaste; com a tua força o levaste à habitação da tua santidade." (v.13).

- a direção de Deus causa prejuízos para o inimigo;

"16 Espanto e pavor caiu sobre eles; pela grandeza do teu braço emudeceram como pedra; até que o teu povo houvesse passado, ó SENHOR, até que passasse este povo que adquiriste.
17 Tu os introduzirás, e os plantarás no monte da tua herança, no lugar que tu, ó SENHOR, aparelhaste para a tua habitação, no santuário, ó Senhor, que as tuas mãos estabeleceram." (v.16,17).

- a direção de Deus demonstra que Ele é Senhor.

"O SENHOR reinará eterna e perpetuamente;" (v.18).

Israel viu todas essas bênçãos e vitórias, mas a alma indisposta nunca está satisfeita.

Vejam os versículos 19, 20 e 21:

"19 Porque os cavalos de Faraó, com os seus carros e com os seus cavaleiros, entraram no mar, e o SENHOR fez tornar as águas do mar sobre eles; mas os filhos de Israel passaram em seco pelo meio do mar.
20 Então Miriã, a profetiza, a irmã de Arão, tomou o tamboril na sua mão, e todas as mulheres saíram atrás dela com tamboris e com danças.
21 E Miriã lhes respondia: Cantai ao SENHOR, porque gloriosamente triunfou; e lançou no mar o cavalo com o seu cavaleiro.".

Havia muita alegria, muita festa, muito regozijo no coração de Miriã. E ela conduz, com tamborins e danças, as dançarinas e todas as mulheres a louvarem ao Senhor.

Logo depois do regozijo, chegou a murmuração:

"22 Depois fez Moisés partir os israelitas do Mar Vermelho, e saíram ao deserto de Sur; e andaram três dias no deserto, e não acharam água.
23 Então chegaram a Mara; mas não puderam beber das águas de Mara, porque eram amargas; por isso chamou-se o lugar Mara.
24 **E o povo murmurou contra Moisés**, dizendo: Que havemos de beber?" (v.22,23,24).

Você está INSATISFEITO com alguma coisa?

Quero lhe perguntar: o Senhor é o culpado dessa insatisfação?

Essa murmuração que está sempre em tua boca, o Senhor é o culpado dela?

O cristão pode considerar todos os seus inimigos mortos quando ele não é mais assaltado pela tentação. Porém se o conflito ainda continua, a vitória pode ser experimentada pela graça de Jesus.

Você pode se considerar um cristão SATISFEITO e VITORIOSO? Ou é MURMURADOR, QUEIXOSO e AMARGO para com o Senhor?

Um compromisso relaxado com Deus

Isaías 1

Esse texto é um resumo de todas as denúncias que Deus declarou para os israelitas, e estas eram declarações para a nação de Judá. Esse texto fala do grande desejo de Deus em instalar o seu sistema de governo para a nação de Israel, a fim de dirigi-la a um padrão de vida original. Encontramos, nessa passagem, alguns aspectos e resultados de um afrouxamento espiritual:

1. UM COMPROMISSO RELAXADO GERA INSENSIBILIDADE ESPIRITUAL

"Ouvi, ó céus, e dá ouvidos, ó terra, porque falou o Senhor: Criei filhos, e os engrandeci, mas eles se rebelaram contra mim." (v.2)

a- insensibilidade causada pela dureza de coração (Hb 3:7-8);

b- insensibilidade gerada pela rebeldia (Is 1:2,5: "2 Ouvi, ó céus, e dá ouvidos, ó terra, porque falou o Senhor: Criei filhos, e os engrandeci, mas eles se rebelaram contra mim.

5 Por que seríeis ainda castigados, que persistis na rebeldia? Toda a cabeça está enferma e todo o coração fraco.");

c- insensibilidade gerada pela rejeição da palavra (Is 1:19,20: "19 Se quiserdes, e me ouvirdes, comereis o bem desta terra; 20 mas se recusardes, e fordes rebeldes, sereis devorados à espada; pois a boca do Senhor o disse.").

2. UM COMPROMISSO RELAXADO INTERROMPE O CONHECIMENTO DE DEUS

1- o conhecimento interrompido gera derrotas (Os 4:6: "O meu povo é destruído porque lhe falta o conhecimento. Porque tu rejeitaste o conhecimento, também eu te rejeitarei como meu sacerdócio, visto que te esqueceste da lei do teu deus, também eu me equecerei de teus filhos.");

2- o conhecimento interrompido gera fraquezas (Dn 11:32: "Aos violadores da aliança ele com lisonjas perverterá, mas o povo que conhece ao seu Deus se tornará forte, e fará proezas.);

3- o conhecimento interrompido pela falta de determinação (Os 6:3: "Conheçamos, e prossigamos em conhecer ao Senhor. Como a alva será a sua saída, ele a nós virá como a chuva, como chuva serôdia que rega a terra.).

3. UM CONHECIMENTO RELAXADO DEMOSTRA IDENTIFICAÇÃO COM O MUNDO

"Ai da nação pecadora, do povo carregado de iniquidade, da descendência de malignos, dos filhos corruptores! Deixaram ao Senhor, blasfemaram do Santo de Israel, voltaram para trás." (v.4).

a- o mundo de idolatrias (Is 2:8: "A sua terra está cheia de ídolos, inclinaram-se perante a obra das suas mãos, diante daquilo que fabricaram os seus dedos.);

b- o mundo da promiscuidade (Is 1:10: "Ouvi a palavra de Senhor, vós príncipes de Sodoma, daí ouvidos à lei de nosso Deus, vós, ó povo de Gomorra.");

c- o mundo da perversidade (Is 1:15: "Pelo qum quando estendeis as vossas mãos, escondo de vós os meus olhos, sim, quando multiplicais as vossas orações, não as ouço. As vossas mãos estão cheias de sangue,").

4. UM COMPROMISSO RELAXADO ABRE ESPAÇO PARA O INIMIGO

"5 Por que seríeis ainda castigados, que persistis na rebeldia? Toda a cabeça está enferma e todo o coração fraco.
6 Desde a planta do pé até a cabeça não há nele coisa sã; há só feridas, contusões e chagas vivas; não foram espremidas, nem atadas, nem amolecidas com óleo.
7 O vosso país está assolado; as vossas cidades abrasadas pelo fogo; a vossa terra os estranhos a devoram em vossa presença, e está devastada, como por uma pilhagem de estrangeiros." (v.5,6,7).

A. o inimigo mina a MENTE e o CORAÇÃO:

"Por que seríeis ainda castigados, que persistis na rebeldia? Toda a cabeça está enferma e todo o coração fraco." (Is 1:5);

"5 derribando raciocínios e todo baluarte que se ergue contra o conhecimento de Deus, e levando cativo todo pensamento à obediência a Cristo;
6 e estando prontos para vingar toda desobediência, quando for cumprida a vossa obediência.
7 Olhais para as coisas segundo a aparência. Se alguém confia de si mesmo que é de Cristo, pense outra vez isto consigo, que, assim como ele é de Cristo, também nós o somos." (II Co 10:5-7);

B. o inimigo induz-nos à maldição: "maldito aquele que fizer a obra do Senhor negligentemente. Maldito aquele que preservar a sua espada do sangue." (Jr 48:10);

C. o inimigo devora os nossos bens:

"7 O vosso país está assolado; as vossas cidades abrasadas pelo fogo; a vossa terra os estranhos a devoram em vossa presença, e está devastada, como por uma pilhagem de estrangeiros.
8 E a filha de Sião é deixada como a cabana na vinha, como a choupana no pepinal, como cidade sitiada." (Is 1:7,8).

5. UM COMPROMISSO RELAXADO É REFLEXO DA VIDA DEVOCIONAL

A. uma devoção liturgica vazia: "De que me serve a mim a multidão de vossos sacrifícios? diz o Senhor. Estou farto dos holocaustos de carneiros, e da gordura de animais cevados; e não me agrado do sangue de novilhos, nem de cordeiros, nem de bodes." (Is 1:11);

B. uma devoção sem temor: "Quando vindes para comparecerdes perante mim, quem requereu de vós isto, que viésseis pisar os meus átrios?" (Is 1:12);

C. uma adoração vazia: "13 Não continueis a trazer ofertas vãs; o incenso é para mim abominação. As luas novas, os sábados, e a convocação de assembléias ... não posso suportar a iniqüidade e o ajuntamento solene! 14 As vossas luas novas, e as vossas festas fixas, a minha alma as aborrece; já me são pesadas; estou cansado de as sofrer. (Is 1:13-14);

D. uma oração mecânica: "Quando estenderdes as vossas mãos, esconderei de vós os meus olhos; e ainda que multipliqueis as vossas orações, não as ouvirei; porque as vossas mãos estão cheias de sangue. (Is 1:15).

Uma árvore frutífera

Sl1:3: "Ele e como árvore plantada junto a corrente de águas, que, no devido tempo, dá o seu fruto, e cuja folhagem não murcha, e tudo quanto ele faz será bem sucedido.".

Cremos que Deus nos fará prosperar e crescer; cremos no poder do Senhor, mas há muito o que fazer na Sua obra. Por isso acreditamos no resultado da Palavra do Senhor direcionada a nós, a qual fará esta terra deleitosa e próspera, na qual emanará leite e mel.

Assim como José prosperou no Egito, o justo se sucedará. Ele é, aqui, comparado a uma árvore viçosa, sempre florescendo porque há água abundante próxima.

Sl 92:12-14: "12 O justo florescerá como a palmeira; crescerá como o cedro no Líbano. 13 Os que estão plantados na casa do SENHOR florescerão nos átrios do nosso Deus. 14 Na velhice ainda darão frutos; serão viçosos e vigorosos,";

Jr 17:8: "Porque ele e como arvore plantada junto as águas, que estende as suas raízes para o ribeiro e não receia quando vem o calor, mas a sua folha fica verde, e , no ano de sequidão , não se perturba, nem deixa de dar fruto.".

Existe, ainda, muitos outros textos sobre esse assunto, mas eu gostaria de mencionar o que a PALMEIRA produz:

1. o cacho de frutos vermelho-alaranjado e cortado é depositado numa carroça, e o galho e as folhas que sobraram são colocados em uma pilha no chão. O fruto e as suas sementes serão separados do cacho, refinados, transformados em óleo de palmeira comestível e usados na fabricação de margarina, sorvetes e produtos comuns de uso doméstico, como sabão, lubrificantes e velas;

2. hoje em dia, as palmeiras são usadas como postes no Paraguai, enfeites no Siri Lanka, palitos no Quênia, colchões na Índia, música antiestresse na Malásia, bolas de gude no Chile, creme para cabelos em Madagascar, corda de navios na Indonésia, ração para animais no Brasil e como alimento em metade do mundo;

3. essas palmeiras vivem cerca de 100 anos, e três a cinco delas são suficientes para suprir a substância de uma família inteira;

4. elas fornecem água, fruto, uma espécie de vinho e óleo de cozinha. O leite do côco, que é feito da água e da polpa do côco raspada, é preparado de *jhinga molee* na Índia, *curries* do Sudeste Asiático, *Kokoda* na República de Fiji, *luau* em Samoa, milho cozido em leite de coco em Gana, galinha com piripiri em Moçambique, vatapá brasileiro e côo-coo caribenho;

5. o coqueiro é a base de muitos utensílios domésticos, desde telhados de colmo até capachos. As raízes são desgastadas e usadas como escovas de dente. Suas fibras são torcidas e transformadas em cordas e rédeas, seus troncos viram canoas;

6. a palmeira produz alimentos, bebidas, óleos, medicamentos, fibras, madeira, telhados, tapetes, combustível e utensílios domésticos, além de ajudar o meio ambiente, controlando a erosão costeira, protegendo contra o vento e fornecendo sombra às lavouras.

"1 Bem-aventurado e o homem que não anda no conselho dos ímpios, não se detem no caminho do pecadores, nem se assenta na roda dos escarnecedores.

2 Antes o seu prazer esta na lei do Senhor, e na sua lei medita de dia e de noite.

3 **Ele e como ÁRVORE PLANTADA JUNTO À CORRENTE DE ÁGUAS**." (Sl 1:1-3).

Irmãos, o resultado desse tipo de vida é:

a. **VITALIDADE**, como a de uma árvore;
b. **ESTABILIDADE**, sendo firmemente plantada;
c. **PRODUTIVIDADE**, simbolizada pelo fruto;
d. **PROSPERIDADE** em todos os seus atos.

Amados, a fonte da VITALIDADE dos justos não está neles mesmos, mas no Senhor.

1. A VITALIDADE FRUTÍFERA É O RESULTADO DO TRABALHO DE DEUS EM NÓS

Tt 3:14: "E os nossos aprendam também a aplicar-se às boas obras, nas coisas necessárias, para que não sejam infrutuosos.".

a. o Senhor trabalhando pela Palavra em nós;
b. o Senhor trabalhando pela Sua presença em nós;
c. o Senhor trabalhando em nós para que Ele seja glorificado.

2. A VIDA FRUTÍFERA REQUER DETERMINAÇÃO

a. determinação de permanecer em Jesus;
b. determinação de permanecer na Palavra;
c. determinação de permanecer no amor.

3. A VIDA FRUTÍFERA TEM AS SUAS RECOMPENSAS

a. a recompensa da oração respondida;

Jo15:7: "Se permanecerdes em mim, e as minhas palavras permanecerem em vos, pedireis o que quiserdes, e vos sera feito.";

Jo 15:16: "Não me escolhestes vós a mim, mas eu vos escolhi a vós, e vos nomeei, para que vades e deis fruto, e o vosso fruto permaneça; a fim de que tudo quanto em meu nome pedirdes ao Pai ele vo-lo conceda.".

b. a recompensa do bom testemunho;

Jo 15:8: "Nisto é glorificado meu Pai, que deis muito fruto; e assim sereis meus discípulos.";

Jo 15:20: "Lembrai-vos da palavra que vos disse: Não é o servo maior do que o seu SENHOR. Se a mim me perseguiram, também vos perseguirão a vós; se guardaram a minha palavra, também guardarão a vossa.".

c. a recompensa do gozo espiritual;

Jo 15:10: "Se guardardes os meus mandamentos, permanecereis no meu amor; do mesmo modo que eu tenho guardado os mandamentos de meu Pai, e permaneço no seu amor.";
Jo 15:11: "Tenho-vos dito isto, para que o meu gozo permaneça em vós, e o vosso gozo seja completo.".

d. a recompensa da intimidade com Deus.

Jo 15:14-15: "14 Vós sereis meus amigos, se fizerdes o que eu vos mando. 15 Já vos não chamarei servos, porque o servo não sabe o que faz o seu senhor; mas tenho-vos chamado amigos, porque tudo quanto ouvi de meu Pai vos tenho feito conhecer.";

Sl 1:3: "Ele e como arvore plantada junto a corrente de águas, que, no devido tempo, d'a o seu fruto, e cuja folhagem não murcha, e tudo quanto ele faz será bem sucedido.";

Ap 22:14: "Bem-aventurados aqueles que guardam os seus mandamentos, para que tenham direito à árvore da vida, e possam entrar na cidade pelas portas.".

Oração: "Concede-me, Senhor, a capacidade de me indignar com uma vida acomodada e sem frutos. Dá-me forças, coragem e inspiração para agir em Teu nome e testemunhar. Amém.".

Uma coisa nova

Isaías 43:18-19

"Não vos lembreis das coisas passadas, nem considereis as antigas. Eis que faço coisa nova, que está saindo a luz, porventura, não o percebeis? Eis que porei um caminho no deserto e rios, no ermo." (Is 43:18-19).

Todos nós somos nostálgicos e temos os nossos sentimentos, por exemplo: saudades, lembranças antigas, memórias de entes queridos, pessoas que passaram por nossa vida e marcaram o nosso presente e, certamente, o nosso futuro.

Num salão de automóveis, temos carros antigos, que nos lembram o passado, e novos, de linhas mais arrojadas, que expressam o futuro.

O profeta Isaías revela o único Deus verdadeiro:

Por causa de Sua graça, o Senhor faz várias coisa pelo povo de Israel.

1. ELE PROTEGE O POVO. V. 1.2

"1 Mas agora, assim diz o Senhor que te criou, ó Jacó, e que te formou, ó Israel. Não temas, porque eu te remi, chamei-te pelo teu nome, tu és meu. 2 Quando passares pelas águas, eu serei contigo, quando, pelos rios, eles não te submergirão, quando passares pelo fogo, não te queimaras, nem a chama arderá em ti" (Is 43:1-2).

O povo não poderia esquecer-se de quem era Deus.

O Senhor os:

a. remiu;

b. chamou.

Quando eles passassem pelas adversidade da vida deveriam lembrar: "Quando passares pelas águas, eu serei contigo, quando, pelos rios, eles não te submergirão, quando passares pelo fogo, não te queimaras, nem a chama arderá em ti" (Is 43:2).

2. ELE O ELEGE

"3 Porque eu sou o Senhor, teu Deus, o Santo de Israel, o teu Salvador, dei o Egito por teu resgate e a Etiópia e Sebá, por ti. 4 Visto que foste preciosos aos meus olhos, digno de honra, e eu te amei, darei homens por ti e os povos, pela tua vida." (Is 43:3-4).

Ele é o escolhido dentre os povos de todas as outras nações, mas há uma condição para isso: Deus quer exclusividade em sua vida.

a. "Porque eu sou o Senhor" (v.3): Ele deve estar sob o comando da sua vida, e você deverá viver para Ele e por Ele;
b. "teu Deus" (v.3): você deverá tirar todos os outros deuses de sua vida;
c. "o Santo de Israel" (v.3);
d. "o teu Salvador." (v.3).

3. ELE O RECOLHE. 5-9

"5 Não temas, pois, porque sou contigo, trarei a tua descendência desde o Oriente e a ajuntarei desde o Ocidente.

6 Direi ao Norte: entrega [O INIMIGO NÃO PODERÁ RESISTIR]. E ao Sul: não retenhas [ENTREGA, NÃO RETENHAS, SOLTA AGORA, EM NOME DE JESUS]. Trazei meus filhos de longe e minhas filhas, das extremidades da terra,

7 a todos os que são chamados pelo meu nome [NÃO TE MANDEI, EU, ESFORÇAR-SE?], e os que criei para minha glória, e que formei, e fiz.

8 Traze o povo que, ainda que tem olhos, é cego e surdo, ainda que tem ouvidos [significa que ainda há os que estão cegos e surdos, que ainda não ouvem o que o Espírito diz à Igreja].

9 Todas as nações, congreguem-se, e, povos, reunam-se, quem dentre eles pode anunciar isto e fazer-nos ouvir as predições antigas? [há quem duvide ou não acredite; há, no meio de vós, algum descrente como Tomé] Apresentem as suas testemunhas e por elas se justifiquem, para que se ouça e se diga: VERDADE É!" (Is 43:5-9).

4. ELE O DESIGNA COMO SUA TESTEMUNHA ESPECIAL. V. 10-13

10 Vós sois as minhas testemunhas, diz o Senhor, o meu servo a quem escolhi, para que saibas, e me creiais, e entendais que sou eu mesmo, e que antes de mim deus nenhum se formou, e depois de mim nenhum haverá.
11 Eu, eu sou o Senhor, e fora de mim não há salvador.
12 Eu anunciei salvação, realizei-a e a fiz ouvir, deus estranho não houve entre vós, pois vós sois as minhas testemunhas, diz o Senhor, eu sou Deus.

13 Ainda antes que houvesse dia, eu era, e nenhum há que possa livrar alguém das minhas mãos, AGINDO EU, QUEM O IMPEDIRÁ?" (Is 43:10-13).

Meus irmãos, se nem Satanás pode impedir a obra do Senhor na cruz do calvário, quem é o homem que a impedirá?

5. ONDE ESTÃO OS TEUS INIMIGOS?.V. 15 - 17

"15 Eu sou o Senhor, o vosso Santo, o Criador de Israel, o vosso Rei.

16 Assim diz o Senhor, o que outrora preparou um caminho no mar e nas águas impetuosas, uma vereda;

17 o que fez sair o carro e o cavalo, o exército e a força – jazem juntamente lá e jamais se levantarão, estão extintos, apagados como uma torcida." (Is 43:15-17).

- Onde estão os egípcios?
- Onde estão os 250 homens de Coré que se levantaram contra Moisés?
- Onde irá Satanás e seus anjos e seguidores?

Eles nunca mais serão lembrados.

6. UM PRESENTE E UM FUTUTO CHEIO DE ESPERANÇA

"18 Não vos lembrei das coisas passadas, nem considereis as antigas.

19 Eis que faço coisa nova, que está saindo à luz; porventura, não o percebeis? Eis que porei um caminho no deserto e rios, no ermo." (Is 43:18-19).

*Depende de mim a realização e o cumprimento dessa palavra. O presente e o futuro estão diante de mim.

Há a necessidade de uma coisa: não lembrar das coisas do passado e desconsiderar as coisas antigas.

- "Eis que faço coisa nova" (v.19):

O renovo do Senhor sobre a tua vida: tornar novo; dar aparência nova; tornar melhor; substituir algo velho por algo novo; renovar um pedido.

Não se pode colocar vinho novo em odre velho.

- "que está saindo à luz." (v.19):

Uma nova luz, uma nova esperança, uma nova vida, um futuro certo cheio de esperança, saindo à luz, e esta é Jesus. Ele o chama pelo nome, Ele quer ser o seu Senhor e Salvador.

Ele deseja mostar-lhe um novo caminho: "Eis que porei um caminho no deserto e rios, no ermo." (v.19).
Ermo significa: lugar deserto, solidão, criatura erma de afetos – solitária.

"EIS QUE FAÇO COISA NOVA, QUE ESTÁ SAINDO À LUZ".

Uma comunidade de servos e servas

Lucas 12:35-48

"35 Estejam cingidos os vossos lombos e acesas as vossas candeias;
36 e sede semelhantes a homens que esperam o seu senhor, quando houver de voltar das bodas, para que, quando vier e bater, logo possam abrir-lhe.
37 Bem-aventurados aqueles servos, aos quais o senhor, quando vier, achar vigiando! Em verdade vos digo que se cingirá, e os fará reclinar-se à mesa e, chegando-se, os servirá.
38 Quer venha na segunda vigília, quer na terceira, bem-aventurados serão eles, se assim os achar.
39 Sabei, porém, isto: se o dono da casa soubesse a que hora havia de vir o ladrão, vigiaria e não deixaria minar a sua casa.
40 Estai vós também apercebidos; porque, numa hora em que não penseis, virá o Filho do homem.
41 Então Pedro perguntou: Senhor, dizes essa parábola a nós, ou também a todos?
42 Respondeu o Senhor: Qual é, pois, o mordomo fiel e prudente, que o Senhor porá sobre os seus servos, para lhes dar a tempo a ração?
43 Bem-aventurado aquele servo a quem o seu senhor, quando vier, achar fazendo assim.
44 Em verdade vos digo que o porá sobre todos os seus bens.
45 Mas, se aquele servo disser em teu coração: O meu senhor tarda em vir; e começar a espancar os criados e as criadas, e a comer, a beber e a embriagar-se,
46 virá o senhor desse servo num dia em que não o espera, e numa hora de que não sabe, e cortá-lo-á pelo meio, e lhe dará a sua parte com os infiéis.
47 O servo que soube a vontade do seu senhor, e não se aprontou, nem fez conforme a sua vontade, será castigado com muitos açoites;
48 mas o que não a soube, e fez coisas que mereciam castigo, com poucos açoites será castigado. Daquele a quem muito é dado, muito se lhe requererá; e a quem muito é confiado, mais ainda se lhe pedirá." (Lc 12:35-48).

Uma decisão a tomar

Marcos 2:1-12

"[...] Jamais vimos cousa assim!" (Mc 2:12).

Depois de uma viagem de evangelização, Jesus volta a Cafarnaum, à casa de Pedro, como nos diz o texto de Marcos 1:29.

Jesus curou a sogra de Pedro, que passou a servi-lo. Trouxeram a Ele todos os enfermos e endemoniados. Toda a cidade estava reunida ali, vendo Ele curar muitos doentes de toda sorte de enfermidades.

De madrugada, Jesus saiu a orar, e Simão foi à procura de Jesus, achando-o e dizendo: "TODOS TE BUSCAM" (Mc 1:37).

E Jesus lhe disse: "Vamos a outros lugares e povoações vizinhas" (Mc 1:38). Logo depois, Jesus curou um leproso.

Dias depois, Cristo entrou em Cafarnaum, retornou à casa de Pedro, e muitos afluíram àquele local.

Naquela casa tinham tantas pessoas, que nem mesmo à porta eles achavam lugar, e Jesus anunciava-lhes a Palavra.

- Quando Cristo está em casa, os vizinhos e amigos logo saberão dessa verdade.

"*Alguns foram Ter com ele, conduzindo um paralítico, levado pôr quatro homens.*" (Mc 2:3).

Aquela casa, construída especialmente por um telhado muito baixo, estava completamente tomada por pessoas. Os caibros, nos quais se colocavam ramos cobertos de reboco e barro a fim de proteger tudo do tempo, tinham uma distância de um metro entre um e outro. Não seria difícil remover uma parte dessa cobertura, mas a maior dificuldade foi o incômodo que a poeira havia de causar nas pessoas dentro do ambiente e por ser a casa da sogra de Pedro.

1. QUATRO HOMENS ACHARAM PROVEITOSO TRAZER UM ENFERMO ATÉ A PRESENÇA DE CRISTO

É proveitoso ser um cristão em nossos dias?

a. esses quatro homens estavam cheios de amor;
b. eles tiveram fé;
c. eles estavam em QUATRO: UM não poderia fazer nada;
d. eles eram criativos e incansáveis.
e. eles perceberam que era mais importante seguir Jesus.

"E, não podendo aproximar-se por causa da multidão, descobriram o eirado do ponto correspondente ao que ele estava e, fazendo uma abertura, baixaram o leito em que jazia o doente." (Mc 2:4).

Que ânimo havia nesses homens?

Eles tomaram uma decisão.

Jesus não viu a PERSEVERANÇA ou a sua INGENUIDADE, mas a FÉ.

a. a chegada de Jesus à casa traz RESULTADOS CERTOS;
b. o Senhor DESPERTA ESPERANÇAS e ESTÍMULOS que, antes, não percebíamos ou não tínhamos;
c. Ele traz PERDÃO e PODER;
d. Ele leva o homem ao LOUVOR e à ADORAÇÃO.

Talvez, se aquele homem não tivesse sofrido de paralisia, ele nunca tivesse chegado a Jesus.

Jesus disse a ele: "FILHO, OS TEUS PECADOS ESTÃO PERDOADOS." (Mc 1:5b)

Mas Jesus percebeu que alguns escribas que ali estavam assentados arrazoavam em seus corações.

"Pôr que fala ele deste modo? Isto é blasfêmia! Quem pode perdoar pecados, senão um, que é Deus?" (Mc 2:7).

Conhecer o coração do homem era e é uma das marcas do Messias (Is 11:3).

a.   Havia, ali, corações maus (Rm 1:21);

b.   corações inclinados ao erro (Sl 95:10);

c.   corações inclinados a se desviar de Deus (Dt 29:18).

Provavelmente aqueles quatro homens continuavam em cima do telhado, observando tudo, esperando algo.

Podemos dar um nome a cada um deles:

O primeiro se chama sr. Amoroso.

I Jo 4:7 *"Amados, amemo-nos uns aos outros, porque o amor procede de Deus, e todo aquele que ama é nascido de Deus e conhece a Deus.".*

O segundo é o sr. Fiel.

I Co 1:9: *"Fiél é Deus, pelo qual fostes chamados a comunhão de seu Filho Jesus cristo nosso Senhor.".*

O terceiro é o sr. Trabalhador Criativo.

2 Pe 3:14: *"Por esta razão, pois, amados esperando estas coisas, EMPENHAIVOS pôr ser ACHADOS pôr ele em paz, sem mácula e irrepreensíveis.".*

O quarto é o sr. Expectativa.

O que eles poderiam fazer? Mais nada. Agora, era só esperar.

Duas coisas o Senhor disse àquele homem:

1. "LEVANTA-TE, TOMA O TEU LEITO E ANDA?" (Mc 2:9)

Quero lhe perguntar uma coisa: o teu leito está debaixo das costas, ou você o carrega no ombro?

2. "Eu te mando: LEVANTA-TE, TOMA O TEU LEITO, E VAI PARA A TUA CASA." (Mc 2:11)

Em nossa casa estão os PARALÍTICOS ESPIRITUAIS , os COXOS, os CEGOS, os SEM FÉ.

Agora, irmãos, em nossas igrejas estão aqueles que dizem:

- "Por que ele fala deste modo?";
- "Isto é blasfêmia?";
- "Eu já nasci assim e não vou mudar?";
- "Com que autoridade ele fala isto?".

HÁ UMA DECISÃO A TOMAR?

Vês alguma coisa?

Marcos 8:22-26

A Bíblia cita vários exemplos de cura instantânea, como o paralítico de Betesda, a mulher do fluxo de sangue e o cego de Jericó. E, ao que parece, este é o único caso de cura GRADUAL, por etapas.

Que lição podemos tirar desse milagre singular de Cristo?

1. "TROUXERAM-LHE UM CEGO " (Mc 8:22)

"Então chegaram a Betsaída. E trouxeram-lhe um cego, e rogaram-lhe que o tocasse." (Mc 8:22).

Vamos observar a linguagem evangelista:

- O cego serve muito bem de símbolo para a multidão de pessoas que tateiam pelo universo em busca de socorro.

De forma geral, todo cego precisa de ajuda para caminhar na direção certa.

A IGREJA NÃO É O CAMINHO PARA O CÉU, MAS APENAS A SETA.

O verdadeiro cristão está no caminho e pode conduzir outros a Jesus, o MELHOR OCULISTA.

- a. Um cego é aquele que não distingue a luz (a Palavra de Deus) das trevas absolutas (heresias, mentira, engano, buraco).
- b. No verso 22, percebemos algo indispensável à evangelização: "e rogaram-lhe que o tocasse.". Além de falarmos do amor de Deus aos perdidos, devemos interceder por eles.

BETSAIDA significa "CASA DE PESCA", e Jesus chamou-nos para sermos pescadores de homens.

"TROUXERAM-LHE UM CEGO" (v.22).

Irmãos, encontramos três classe de cristãos em nossas igrejas:

1. aqueles que TÊM E NÃO SABEM QUE TÊM (pr exemplo: o irmão mais velho do pródigo – Lc 15:29-31);
2. aqueles que NÃO TÊM E PENSAM TER ALGUMA COISA (por exemplo: o mensageiro sem mensagem – II Sm 18:10-23);
3. aqueles que TÊM, SABEM O QUE TÊM E USAM O QUE TÊM (por exemplo: Elias e os profetas de Baal – Elias tinha e mostrou o que tinha (I Rs18:30-38); Eliseu tinha poder e sabia que o tinha. Até depois de morto, os ossos de Eliseu tinham unção).

Sansão é um tipo de crente que tinha, mas perdeu e quis demonstrar ter alguma coisa quando já havia perdido (ver: Jz13).

2. "JESUS, TOMANDO O CEGO PELA MÃO" (Mc 8:23)

Esse gesto de Jesus revela sua atenção com cada caso em especial. Quando sentimos Sua presença (ou toque), a fé surge e o milagre acontece.

a. "APLICANDO-LHE SALIVA [...] E IMPONDO-LHE AS MÃOS " (Mc 8:23)

A cura como resultado de um milagre não depende do método a ser empregado. Na Bíblia, vemos vários exemplos.

1. o rei Ezequias emprega uma pasta de figos sobre a úlcera (II Rs 20:7);

2. o profeta Eliseu usa um prato novo com sal sobre um manancial de águas venenosas e as torna potáveis (II Rs 2:20-21);

3. os presbíteros do Novo Testamento são orientados a ungir o doentes com óleo ou azeite (Tg 5:14);

4. a saliva de Cristo provavelmente serviu para despertar a fé dos doentes (Jo 9:6-7);

5. outros exemplos: a veste de Cristo, as imposições das mãos, os lenços e aventais de Paulo, a sombra de Pedro (At 19:12).

3. "VEJO OS HOMENS [...] COMO ÁRVORES" (Mc 8:24)

A cura temporariamente imperfeita ensina-nos que:

- o primeiro toque mina as forças inimigas e produz fé gradual;
- não devemos desistir na primeira tentativa;
- a vida cristã deve ser desenvolvida, e cada estágio sucessivo traz-nos mais luz;
- aquele que começou a boa obra há de completá-la;
- Deus não é ansioso como nós e faz tudo certo na hora certa;
- a primeira experiência com Cristo traz a vida eterna, e a Segunda, o poder de Deus.

"Desvenda os meus olhos, para que eu contemple as maravilhas da tua lei" (Sl 119:18).

Há seis tipos de visão:

1. A VISÃO PERDIDA: Eli;

- visão do seu ministério e a dos seus filhos;
- não compreendia mais nada;
- tinha perdido a visão ao encontrar Ana.

2. VISÃO DISTANTE: Moisés;

- ele contemplou a terra prometida;
- os seus olhos nunca se escureceram;
- Moisés morreu com 120 anos.

3. VISÃO DE ÁGUIA: Abraão;

- tinha uma visão perfeita, completa;
- ele sabia a que Deus ele servia (Hb 11:17);
- os seus olhos eram aguçados, pois Deus prometeu a Abraão que este seria pai de uma grande nação.

4. VÊ LONGE: Eliseu;

- o coração de Sunamita;
- ele contemplou, de longe, que ela estava passando por momentos difíceis.

5. SEM VISÃO: Geazi;

- Eliseu orou ao Senhor para que Deus desse visão a Geazi, "peço que lhe abra os olhos", e Deus abriu. Então ele contemplou que no monte estava cheio de cavalos e carros de fogo.

6. VISÃO SEM ESPERANÇA: capitão.

- visão raquítica;
- o capitão não creu quando Eliseu profetizou (II Rs 7:2);
- ele estava conformado com o que estava vendo, mas Eliseu venceu a lei da gravidade.

Os três sintomas de um homem sem VISÃO:

1. perde o contato com o céu;
2. não obedece mais à ordem do Senhor;
3. não reconhece mais a voz de Deus.

"Jesus, pois, tomou o cego pela mão, e o levou para fora da aldeia; e cuspindo-lhe nos olhos, e impondo-lhe as mãos, perguntou-lhe: **Vês alguma coisa?**" (Mc 8:23).

Qual é o seu tipo de visão?

1. Visão perdida?

2. Visão distante?

3. Visão de águia?

4. Vê Longe?

5. Sem Visão?

6. Visão sem esperança?

Não podemos saber ou entender tudo de uma só vez. Mas passo a passo, de conhecimento a conhecimento (II Co 3:18), chegamos à perfeita visão.

Na perseverança, há vitória.

"25 Então tornou a pôr-lhe as mãos sobre os olhos; e ele, olhando atentamente, ficou restabelecido, pois já via nitidamente todas as coisas.
26 Depois o mandou para casa, dizendo: Mas não entres na aldeia." (Mc 8:25-26).

Visão e coragem

II Reis 6:8-23

"8 Ora, o rei da Síria fazia guerra a Israel; e teve conselho com os seus servos, dizendo: Em tal e tal lugar estará o meu acampamento.
9 E o homem de Deus mandou dizer ao rei de Israel: Guarda-te de passares por tal lugar porque os sírios estão descendo ali.
10 Pelo que o rei de Israel enviou àquele lugar, de que o homem de Deus lhe falara, e de que o tinha avisado, e assim se salvou. Isso aconteceu não uma só vez, nem duas.

11 Turbou-se por causa disto o coração do rei da Síria que chamou os seus servos, e lhes disse: Não me fareis saber quem dos nossos é pelo rei de Israel? 12 Respondeu um dos seus servos: Não é assim, ó rei meu senhor, mas o profeta Eliseu que está em Israel, faz saber ao rei de Israel as palavras que falas na tua câmara de dormir." (II Rs 6:8-12).

- O rei da Síria ataca Israel e Deus usa o profeta Eliseu para avisar dos ataques e evitar a chacina.

"13 E ele disse: Ide e vede onde ele está, para que eu envie e mande trazê-lo. E foi-lhe dito; Eis que está em Dotã.
14 Então enviou para lá cavalos, e carros, e um grande exército, os quais vieram de noite e cercaram a cidade." (II Rs 6:13-14).

- Por que Deus não avisou Eliseu?
- Por que Deus evita algumas tragédias e outras não?

"15 Tendo o moço do homem de Deus se levantado muito cedo, saiu, e eis que um exército tinha cercado a cidade com cavalos e carros. Então o moço disse ao homem de Deus: Ai, meu senhor! que faremos?" (II Rs 6:15).

Não é assim que reagimos quando a ADVERSIDADE vem a nós?

- O filho, o lar, o emprego.

Muitas vezes, somos surpreendidos pelo INESPERADO, por uma situação nova que nunca pensamos ser possível.

"16 Respondeu ele Eliseu: **Não temas; porque os que estão conosco são mais do que os que estão com eles**." (II Rs 6:16).

- Eliseu via além do material.
- Nós precisamos da visão do alto.

MEUS PENSAMENTOS MAIS ALTOS.

O jovem de Eliseu, quando saiu da tenda, viu as tropas do rei da Síria. Cavalos e carros haviam cercado a cidade.

- O jovem estava olhando para a dificuldade ou para Deus?

1. O OLHO NATURAL ESTÁ CEGO PARA AS COISAS CELESTIAIS

- Deus está em toda parte, mas os olhos dos homens cegos pela dúvida, pela incerteza, pela incredulidade, pelo egoísmo, pelo medo não podem ver.
- Os homens são maus, culpados, caídos, e não querem ver as suas próprias feridas para serem curados.
- Sansão, o homem mais forte que já existiu, CEGO, foi um espetáculo triste, de juíz, caiu à condição de escravo dos filisteus.

EM QUE DIREÇÃO ESTAVA OS OLHOS DO MOÇO DE ELISEU?

Elevo os meus olhos para...

SÓ DEUS PODE ABRIR OS OLHOS DO HOMEM

Podemos guiar os cegos, mas não conseguimos fazê-los ver. Podemos colocar a verdade diante deles, mas não conseguimos abrir-lhes os olhos. Só Deus fará isso.

Alguns usam olhos artificiais, outros óculos, telescópios, lentes coloridas, mas tudo é em vão quando os olhos são cegos.

"E Eliseu orou, e disse: Ó Senhor, peço-te que lhe abras os olhos, para que veja. E o Senhor abriu os olhos do moço, e ele viu; e eis que o monte estava cheio de cavalos e carros de fogo em redor de Eliseu." (II Rs 6:17).

- A cura vem somente do Senhor.

a. Quem pode fazer um olho?

Só Deus pode dar a visão espiritual ao homem.

b. O homem nasce cego, e suas trevas são parte dele mesmo.

Satanás simulou isso quando disse: "[...] se vós abrirão os olhos e, como Deus, sereis [...]" (Gn 3:5).

Eliseu disse ao jovem moço: "NÃO TEMAS". Ele estava o encorajando para ter coragem de ser fiel.

- Você acredita dessa forma em relação à vida, ao seu marido/ à sua esposa, à Igreja, à família?

COMO PODEMOS CONSEGUIR ESSA CORAGEM?
V.16

"**Ó Senhor, peço-te que lhe abras os olhos, para que veja. E o Senhor abriu os olhos do moço, e ele viu; e eis que o monte estava cheio de cavalos e carros de fogo em redor de Eliseu.**" (II Rs 6:16).

Eliseu não orou apenas para REMOVER A DIFICULDADE, mas para USÁ-LA em sua vida.

O apóstolo Paulo, em Ef 4:17-24, fala sobre o homem: "16 do qual o corpo inteiro bem ajustado, e ligado pelo auxílio de todas as juntas, segundo a justa operação de cada parte, efetua o seu crescimento para edificação de si mesmo em amor.

17 Portanto digo isto, e testifico no Senhor, para que não mais andeis como andam os gentios, na verdade da sua mente,
18 entenebrecidos no entendimento, separados da vida de Deus pela ignorância que há neles, pela dureza do seu coração;
19 os quais, tendo-se tornado insensíveis, entregaram-se à lascívia para cometerem com avidez toda sorte de impureza.
20 Mas vós não aprendestes assim a Cristo.
21 se é que o ouvistes, e nele fostes instruídos, conforme é a verdade em Jesus,
22 a despojar-vos, quanto ao procedimento anterior, do velho homem, que se corrompe pelas concupiscências do engano;
23 a vos renovar no espírito da vossa mente;
24 e a vos revestir do novo homem, que segundo Deus foi criado em verdadeira justiça e santidade.".

DEUS NOS ABRE OS OLHOS PARA QUE VEJAMOS

Devemos pedir visão para ver o que Deus está fazendo e quer fazer em nós.

Em II Reis 18-23, Deus faz com que o exército sírio fique cego e seja guiado ao rei de Israel, e ele lhe serve um banquete:

"18 Quando os sírios desceram a ele, Eliseu orou ao Senhor, e disse: **Fere de cegueira esta gente, peço-te.** E o Senhor os feriu de cegueira, conforme o pedido de Eliseu.
19 Então Eliseu lhes disse: Não é este o caminho, nem é esta a cidade; segui-me, e guiar-vos-ei ao homem que buscais. E os guiou a Samária.
20 E sucedeu que, chegando eles a Samária, disse Eliseu: **Ó Senhor, abre a estes os olhos para que vejam.** O Senhor lhes abriu os olhos, e viram; e eis que estavam no meio de Samária.
21 Quando o rei de Israel os viu, disse a Eliseu: Feri-los-ei, feri-los-ei, meu pai?
22 Respondeu ele: Não os ferirás; feririas tu os que tomasses prisioneiros com a tua espada e com o teu arco? Põe-lhes diante pão e água, para que comam e bebam, e se vão para seu senhor.
23 Preparou-lhes, pois, um grande banquete; e eles comeram e beberam; então ele os despediu, e foram para seu senhor. E as tropas dos sírios desistiram de invadir a terra de Israel.".

QUERO LHE PERGUNTAR APENAS UM COISA: EM QUE ESTÁGIO VOCÊ SE ENCONTRA?

1. SENHOR, O QUE FAREMOS?

Está em um estágio de crise, de desespero? NÃO TEMAS.

2. VOCÊ ESTÁ ADMIRADO POR VER OS CARROS E CAVALOS DE FOGO AO REDOR?

- Há sinal de solução?
- Mas sem coragem para AGIR, para arriscar, para se IDENTIFICAR ou até para colaborar a fim de resolver a crise.

3. COM CORAGEM PARA LEVAR O EXÉRCITO INIMIGO AO REI E RESOLVER TUDO?

O Senhor quer abrir os teus olhos para que veja a salvação.

Ele nos mostra que, mediante a oração, podemos levar até o cegos à presença do rei.

"18 Eliseu orou ao Senhor, e disse: **Fere de cegueira esta gente, peço-te.** E o Senhor os feriu de cegueira, conforme o pedido de Eliseu.
19 Então Eliseu lhes disse: Não é este o caminho, nem é esta a cidade; segui-me, e guiar-vos-ei ao homem que buscais. E os guiou a Samária.
20 E sucedeu que, chegando eles a Samária, disse Eliseu: **Ó Senhor, abre a estes os olhos para que vejam**. O Senhor lhes abriu os olhos, e viram" (II Rs 6:18-20).

Viva com amor!

"Assim, permanecem agora estes três: a fé, a esperança e o amor. O maior deles, porém, é o amor".
(I Coríntios 13:13)

Algumas verdades bíblicas sobre o amor:

- I Co 13:1-2: "Sem amor, **nada mais** importa – Eu poderia falar todas as línguas que são faladas na terra e até no céu, mas, se não tivesse amor, as minhas palavras seriam como o som de um gongo ou como o barulho de um sino. Poderia ter o dom de anunciar mensagens de Deus, ter todo o conhecimento, entender todos os segredos e ter tanta fé, que até poderia tirar as montanhas do seu lugar, mas, se não tivesse amor, eu não seria nada.";

- I Jo 4:7,8: "O Amor mostra que realmente **conhecemos** a Deus – Amados, amemo-nos uns aos outros, porque o amor procede de Deus; e todo aquele que ama é nascido de Deus e conhece a Deus. Aquele que não ama não conhece a Deus, pois Deus é amor.";

- Mt 22:36-40: "Amar é a nossa responsabilidade **número um** – Mestre, qual é o mais importante de todos os mandamentos da Lei? Jesus respondeu: —'Ame o Senhor, seu Deus, com todo o coração, com toda a alma e com toda a mente.' Este é o maior mandamento e o mais importante. E segundo mais importante é parecido com o primeiro: 'Ame os outros como você ama a você mesmo.' Toda a Lei de Moisés e os ensinamentos dos Profetas se baseiam nesses dois mandamentos.".

I. O QUE É O AMOR?

Ideias populares erradas:

- O AMOR É UM **SENTIMENTO**!
- O AMOR É **INCONTROLÁVEL**!

O que DEUS diz:

- **O AMOR É UMA ESCOLHA!** – Cl 3:14: "E, acima de tudo, tenham amor, pois o amor une perfeitamente todas as coisas";
- **O AMOR É UMA AÇÃO!** – I Jo 3:18: "Meus filhinhos, o nosso amor não deve ser somente de palavras e de conversa. Deve ser um amor verdadeiro, que se mostra por meio de ações".

II. COMO DESENVOLVER UM ESTILO DE VIDA AMOROSO

1. Aceite incondicionalmente os outros!

- Rm 15:7: "Portanto, aceitem-se uns aos outros, da mesma forma como Cristo os aceitou, a fim de que vocês glorifiquem a Deus";
- Rm 12:18: "Façam todo o possível para viver em paz com todos".

2. Comprometa-se pessoalmente com os outros!

- Rm 12:10: "Dediquem-se uns aos outros com amor fraternal";
- Rm 12:5: "Em Cristo nós, que somos muitos, formamos um corpo, e cada membro faz parte de todos os outros".

3. Encoraje continuamente os outros!

- I Ts 5:11: "Portanto, amem-se uns aos outros e edifiquem-se uns aos outros, tal como já estão fazendo";
- I Co 13:7: "Se você amar alguém, será leal para com ele, custe o que custar. Sempre acreditará nele. Sempre esperará o melhor dele, e sempre se manterá em sua defesa".

4. Sirva alegremente os outros!

- I Pe 4:10: "Cada um exerça o dom que recebeu para servir aos outros, administrando fielmente a graça de Deus em suas múltiplas formas";
- Rm 12:13: "Compartilhem com os santos em suas necessidades. Pratiquem a hospitalidade".

5. Perdoe livremente os outro!

- Cl 3:13: "Suportem-se uns aos outros e perdoem as queixas que tiverem uns contra os outros. Perdoem como o Senhor lhes perdoou".

6. Compartilhe Cristo verbalmente com os outros!

- I Pe 3:15-16: "Estejam sempre preparados para responder a qualquer que lhes pedir a razão da esperança que há em vocês. Contudo, façam isto com mansidão e respeito";
- II Co 5:14: "Pois o amor de Cristo nos constrange";
- Ef 3:17-18: "E oro para que Cristo se sinta mais e mais à vontade em seus corações, morando em vocês à medida que confiarem nEle. Que vocês aprofundem suas raízes no solo do amor maravilhoso de Deus; e que possam ser capazes de sentir ecompreender... quão extenso, quão largo, quão profundo e quão alto é, na realidade, o seu amor; e por si mesmos experimentar este amor".

CONCLUSÃO

Você só começará a viver amorosamente depois que experimentar o amor de Deus por você!

Veja estes textos da Bíblia:

- "Porque Deus **amou** ao mundo de tal maneira que deu o seu Filho unigênito, para que todo o que nele crê não pereça, mas tenha a vida eterna." (Jo 3:16);

- "Mas Deus nos mostrou **o quanto nos ama**: Cristo morreu por nós quando ainda vivíamos no pecado." (Rm 5:8);

- "Não retarda o Senhor a sua promessa, como alguns a julgam demorada; pelo contrário, **ele é longânimo** para convosco, **não querendo que nenhum pereça, senão que todos cheguem ao arrependimento**." (II Pe 3:9).

Zerando tudo na PATERNIDADE

Is 43:18-20: "Esqueçam o que se foi ;não vivam no passado. Vejam, estou fazendo uma coisa nova! Ela já está surgindo! Vocês não a reconhecem? Até no deserto vou abrir um caminho e riachos no ermo. Os animais do campo me honrarão, os chacais e as corujas, porque fornecerei água no deserto e riachos no ermo, para dar de beber a meu povo, meu escolhido.".

O plano de salvação de Deus para o homem: o homem fez escolhas erradas e afastou-se de Deus. Em Jesus, o plano foi zerado, volta-se ao começo, ao relacionamento 100% com Deus.
Ap 21:5: "Aquele que estava assentado no trono disse: 'Estou fazendo novas todas as coisas!' E acrescentou: 'Escreva isto, pois estas palavras são verdadeiras e dignas de confiança'.".

Aquele que tem o poder para criar, tem o poder para dar um novo começo, pois a vida está em Suas mãos.

"Os mestres da lei e os fariseus trouxeram-lhe uma mulher surpreendida em adultério. Fizeram-na ficar em pé diante de todos e disseram a Jesus: 'Mestre, esta mulher foi surpreendida em ato de adultério. Na Lei, Moisés nos ordena apedrejar tais mulheres. E o senhor, que diz?'. Eles estavam usando essa pergunta como armadilha, a fim de terem uma base para acusá-lo. Mas Jesus inclinou-se e começou a escrever no chão com o dedo. Visto que continuavam a interrogá-lo, ele se levantou e lhes disse: 'Se algum de vocês estiver sem pecado, seja o primeiro a atirar pedra nela'. Inclinou-se novamente e continuou escrevendo no chão. Os que o ouviram foram saindo, um de cada vez, começando pelos mais velhos. Jesus ficou só, com a mulher em pé diante dele. Então Jesus pôs-se em pé e perguntou-lhe: 'Mulher, onde estão eles? Ninguém a condenou?'. 'Ninguém, Senhor', disse ela. Declarou Jesus: 'Eu também não a condeno. Agora vá e abandone sua vida de pecado'. Falando novamente ao povo, Jesus disse: 'Eu sou a luz do mundo. Quem me segue, nunca andará em trevas, mas terá a luz da vida'." (Jo 8:3-12).

DEUS FAZ NOVAS TODAS AS COISAS

1. Deixe Jesus zerar suas dívidas emocionais

Jo 8:3-5: "Os mestres da lei e os fariseus trouxeram-lhe uma mulher surpreendida em adultério. Fizeram-na ficar em pé diante de todos e disseram a Jesus: 'Mestre, esta mulher foi surpreendida em ato de adultério. Na Lei, Moisés nos ordena apedrejar tais mulheres.'".

Is 43:19a: "Vejam, estou fazendo uma coisa nova!".

As pessoas à nossa volta têm pedras nas mãos; no seu trabalho, as pessoas têm pedras nas mãos; no lugar em esperamos aceitação, encontramos pessoas com pedras nas mãos.

- A mulher errou, você também já errou;

- Ela foi surpreendida em seu erro, você também já foi surpreendido em seu erro;

- Ela foi exposta diante de todos, você também já foi exposto diante de todos;

- Ela foi sentenciada pelas pessoas, você também já foi sentenciado pelas pessoas;

- Ela foi ferida e exposta, você também ja foi ferido e exposto.

A vida tem situações em que ficamos com **dívidas emocionais**, **no negativo**, **com as emoções no vermelho**, e isso acaba gerando uma vida amarga. Se continuarmos carregando essa dor, nossa vida ficará presa, amarrada, machucada, sem condições para seguir em frente com alegria e boas expectativas.

2. Creia na limpeza espiritual do perdão de Jesus

Jo 8:7-8a: "Visto que continuavam a interrogá-lo, ele se levantou e lhes disse: 'Se algum de vocês estiver sem pecado, seja o primeiro a atirar pedra nela'. Inclinou-se novamente e continuou escrevendo no chão.";

Mt 26:28: "Isto é o meu sangue da aliança, que é derramado em favor de muitos, para perdão de pecados.".

Imagine você lutando com a justiça, com uma pena, e, um dia, sua ficha simplesmente é limpa. Imagine se desaparecessem as suas dívidas dos registros dos bancos, financiamentos, cartões de créditos.

Diante de Deus, o principal problema não é o pecado, pois Nele, os pecados são perdoados. O que Jesus mais se importa é com a sua rendição à Ele.

Às vezes nos tornamos verdadeiros caminhões de lixo.

3. Abra espaço para novos sonhos e oportunidades

Jo 8:9-11: "Os que o ouviram foram saindo, um de cada vez, começando pelos mais velhos. Jesus ficou só, com a mulher em pé diante dele. Então Jesus pôs-se em pé e perguntou-lhe: 'Mulher, onde estão eles? Ninguém a condenou?' 'Ninguém, Senhor', disse ela.".

Enquanto temos peso, temos lixo, temos inimigos nos escravizando. Quando a opressão sai, um novo espaço se abre, e temos uma perspectiva otimista diante dos fatos.

Isso significa não ficar apegado às conquistas do passado. Jesus fala para viver cada dia e olhar para frente. As conquistas do passado nos alegram, mas não podem impedir as promessas que estão por vir.

Is 43:18: "Esqueçam o que se foi; não vivam no passado.".

Quando está ruim, o melhor está por vir! Quando está bom, o melhor está por vir! Sua vida está boa? Imagine com Jesus! Sua vida está ruim? Imagine com Jesus!

4. Olhe para frente com seu novo RG

Jo 8:12: "Declarou Jesus: 'Eu também não a condeno. Agora vá e abandone sua vida de pecado'.";

Gn 17:5: "Não será mais chamado Abrão; seu nome será Abraão, porque eu o constituí pai de muitas nações.".

- Abraão: de uma pessoa comum ao pai das nações;
- Jacó: de um pecador, com graves falhas de caráter, ao vencedor com Deus!

Zerou: mude o nome e assuma a identidade de filho de Deus.

Jo 1:12: "Contudo, aos que o receberam, aos que creram em seu nome, deu-lhes o direito de se tornarem filhos de Deus".

Novo registro, nova identidade, novas atitudes, nova ficha, novo nome.

5. Entregue-se ao novo e único amor para a vida toda!

Jo 8:12: "Falando novamente ao povo, Jesus disse: 'Eu sou a luz do mundo. Quem me segue, nunca andará em trevas, mas terá a luz da vida'".

Is 43:18-19: "Não fiquem lembrando o que aconteceu no passado – isso não é nada comparado ao que Eu estou para fazer, uma coisa completamente nova! Algo que eu já comecei a realizar; será que vocês ainda não perceberam? Vou abrir uma grande estrada no deserto, para o meu povo voltar à sua terra. No meio da terra seca, farei correr rios!"

Vida toda: tempo e capacidade.

CONCLUSÃO

II Co 5:17: "Quem está unido com Cristo é uma nova pessoa; acabou-se o que era velho, e já chegou o que é novo.";

Rm 6:4: "Fomos, pois, sepultados com ele na morte pelo batismo; para que, como Cristo foi ressuscitado dentre os mortos pela glória do Pai, assim também andemos nós em novidade de vida."

Batismo: arrependimento.

Arrependimento: morte da velha vida, nascimento de uma nova!